史学杂稿订存

黄云眉　著

商務印書館
创于1897　The Commercial Press
2018年·北京

图书在版编目（CIP）数据

史学杂稿订存 / 黄云眉著. — 北京：商务印书馆，2018

ISBN 978-7-100-15970-8

I. ①史… II. ①黄… III. ①史学—文集 IV. ①K03-53

中国版本图书馆CIP数据核字（2018）第054313号

史学杂稿订存

黄云眉 著

商 务 印 书 馆 出 版
（北京王府井大街36号 邮政编码 100710）
商 务 印 书 馆 发 行
三河市尚艺印装有限公司印刷
ISBN 978-7-100-15970-8

2018年6月第1版 开本 710×1000 1/16
2018年6月第1次印刷 印张 14 1/4

定价：50.00元

叙　言

余三十以前，泛滥群籍，无所归向；而大段晨夕，皆虚掷于篇什嗜好，蛩吟窍号，片句只字，自和自赏。三十以后，稍涉考证之学，则又以孑居海隅，与四方学人，声闻隔绝，遇有问题，撰布鄙论，卒无一日商榷之雅；而考证对象，亦广及四部，杂然不加别择，随笔漫札，委填箧笥，省记非易，何暇董理。如是者殆十年，不幸寇氛东来，山川变色，余避地寄食，南冠低压，俯仰无赖；始欲借一代之史，殚精其中，束制念虑，强图安帖（余未完稿之《明史考证》一书，实造端于是时），而风雨打门，牢愁内迍，不能须臾去，且客馆亦不能获多书，究讨之功，譬之策蹇卫，登峻坂，其难可想。如是者又十年，乃得天宇澄朗，熙春满目，否极泰来，神王气壮，盖余忧患饱经，至今日而始于史学油然有述作之愿焉。婆娑老树，生意重盎，非今日社会之优越，孰嘘吸是而孰披拂是哉！

山东人民出版社，索余史学旧稿，拟为重刊。余前此未专攻史学，亦未薰沐革命新论，二十年前所尝试而公世者，量少而质下，其不能中今日社会要求之鹄也无疑。特自惟补苴张皇之业，既夙昔所从事，而顽执宿见，盲附显说，又余治学时所常以自惕者，则以今日社会要求衡之，谓为可弃之鸡肋允当，谓为大有迳庭抑非也。因检已刊旧稿之属于史学范围，而与今日史学观点无甚违戾者，加以修订，写付该社。并以余治学历程，弁之卷首，俾读者知余于史学，其止于是者有故，其或尺寸可进于是者亦有故。豪杰之士，虽无文王犹兴，余所谓待文王而后兴者也。伏波据鞍顾盼，以示矍铄，余今日心情，实大类于是。百尔同志，勿吝督教，余必嗣此而续有请益焉。

一九五九年，黄云眉

目　录

邵二云先生年谱

序

乡前辈朱久香先生兰曾撰《邵二云先生年谱》四卷，今其稿已无存者。

二云先生经经纬史，习闻阳明、南雷、蕺山三先生之绪论，家藏宋、元遗书甚富，数百年浙东文献，萃于一身。章实斋氏知之最深，故当先生之殁，太息语人曰："自斯人不禄，浙东之文献尽矣！"然自先生之殁，去今仅百余年，而其姓名事迹，乃不为学术界所熟闻；其著述亦几与浙东文献同归澌没。使章氏而在，其太息又何如也。

云眉惜朱谱之不传，惧乡献之莫征，爰采诸家文集笔记所载与先生有关涉者，分年系缀，辑为是谱；不能分年者，则别其性质，依类附载。虽为例驳杂不纯，而补苴之难，略有可言：

先生著述散佚，除《尔雅正义》外，惟遗诗文钞及札记等二三种，而文钞又不载书牍赠序之文（仅有赠张羲年、汪辉祖两序），无以见先生学术思想之蕴寄，友好游从之踪迹，此一难也。

先生回翔清署二十余年，不以升降得失撄其梦寐，虽久居辇毂之下，而声华暗淡，无显显矫激可喜之行，足以耸动耳目，播为逸事，此二难也。

先生居乡时短，乡之士夫，罕接风采，故梓桑口耳之传，但夸仕宦衣锦之焜耀，不诵在官力学之清芬，此三难也。

先生子秉衡、秉华，犹能勉缵家学，并树令誉，后此则旧家乔木，渐就萧疏，手泽俱供覆瓿，遗裔已操微业，庐舍犹是，咨询无由，此四难也。

取材之途既隘，裁削之功斯寡，故是谱之辑，举凡先生所作所言，及朋侪之书牍赠诗，不择长篇短语，但可资先生学术之阐发，存先生行谊之梗概者，往往连类而录，靳于割爱，此则冗复琐碎之病所由难免也。

盖区区之意，惟期拾吉光之残羽，汇为一编，俾学术界对此声华销歇之大师，略能仿佛于百余年前而接其謦欬，谱例之谨严，所未遑顾。著述浮沉，良不可知，日月逝于上，他时欲于尘封蠹蚀之中，寻此若隐若现之坠绪，吾知其难又不啻倍蓰矣。国中鸿达，进而教之，为之增所未备，俾他时得据以删定，则又区区之所切望者。

一九二九年初稿

一九三一年六月定稿

先生姓邵氏，名晋涵，字与桐，一字二云。浙江余姚人。以《禹贡》三江，其南江从余姚入海，遂自号南江。

先生居宅面南江一支水，曰面水层轩，盖取杜诗（《怀锦水居止》）“层轩皆面水”句名之也。

高祖琳，明进士，官山西洪洞知县。

曾祖炳，县学生。

曾祖母张氏。

祖向荣，字东葵，号余山。康熙壬辰进士。以书劣覆试被黜。由中书改授定海县教谕。晚补镇海县教谕。

祖母陈氏、蒋氏。

叔祖坡，字兼山，号艮庵。康熙壬午举人。以辛卯解元查某文出于坡，牵连除名。康熙六十一年被召入京师，旋罢归。

父佳铳，字藉安，号冶南。增广生。自幼为祖母张所钟爱。比就傅，不程以所业。少长，会季父坡自京师归教里中，试之文，振笔立就，家人咸讶其何遽能是。自是从季父学，学日进。继随教谕君于镇海，镇海之士咸推服焉。其文不随俗好，识者以为在明江右五家中，与章、罗酷相似。中年以后，独喜读《易》，博览众说，期于自得。（见卢文弨《封儒林郎翰林院编修邵君墓志铭》及钱大昕《赠邵冶南序》）

母袁氏。慈溪县学生苏升女。归藉安先生时，家故寒素，藉安先生甚嗜书，尝得《春秋》、《国语》古刻本，费无所偿，夫人为脱簪珥售之。尤喜闻洛诵声，当人事稍闲，一釭夜围，藉安先生拥书端坐，诸子弟前后挟策，问难质疑，藉安先生各为指画陈说，夫人亦欣然领会，自谓不能尽解，正如不善饮者得酒意耳。夫人外祖吕章成，明鲁王时官待诏。尝错综梁周兴嗣《千字文》，纪明一代事实训初学。夫人幼受章句于母氏，益以家学闻见，故颇熟于明史。（见章学诚《邵室袁孺人墓志铭》）又藉安先生以随侍教谕君，往返明、越间。事无大小，悉听夫人区画。故教谕君尝曰："吾居蛟门久，家中岁时蒸尝祭祀，宾客亲故，往还问遗，无忧或失坠者，赖有四娘子耳。"（见张羲年《邵母袁太夫人六十寿序》）

乾隆八年癸亥（一七四三）先生生

是年，戴震二十岁，钱大昕十六岁，朱筠十五岁，汪辉祖十四岁，周永年十四岁，章学诚六岁，同里张羲年七岁。

乾隆九年甲子（一七四四）先生二岁

四月，先生叔祖坡卒，年六十有九。

方苞盛称坡文为金、陈而后，未见其偶。坡以查某事被系，时苞亦在狱，相见则大喜曰："我识君久，今之见何晚也！在狱中，又何奇也！"对酒诵坡文。又询近作，奏一篇，辄浮一白。又纵论古今成败得失，为性命交。坡前后主蕺山书院，多所奖进。所著有《稽古录》五十卷，诗文稿若干卷，并焚失。（见张羲年《啖蔗集·邵坡传》）

乾隆十一年丙寅（一七四六）先生四岁

是年，洪亮吉生。

乾隆十二年丁卯（一七四七）先生五岁

先生生有异禀，左目微眚，而独善读书，数行俱下。为祖教谕君所钟爱，亲课读于镇海学署。

四五岁即知六义四声。稍长，益涉猎博闻强识，见者惊犹鬼

神。（见章学诚《邵与桐别传》、洪亮吉《邵学士家传》、钱大昕《邵君墓志铭》）

按教谕君虽钟爱先生，而督学甚严，陈康祺《燕下乡脞录》云："邵二云学士垂髫时，侍寝于乃祖，每丙夜，老人睡醒，辄持学士足，令背诵日间所读书，或举经史疑义前贤故实相告语，不熟记，则摇之使不得畅眠，以是学士湔润家诰，卒成通儒。"其言或过当，要可知先生成学，固非仅由异禀矣。

乾隆十四年己巳（一七四九）先生七岁

代父藉安先生赋赠人续婚排律五十韵。同里朱文治诗云：

只眼观书喜独明，先生智慧自天生。七龄早已工长律，花烛词成老辈惊。（《绕竹山房诗稿》卷十一《邵丈二云学士江南诗钞题词》及注）

乾隆十六年辛未（一七五一）先生九岁

镇海大饥，教谕君率诸生为粥于路，自冬初至春末，全活无算。（《绍兴府志》）

乾隆十八年癸酉（一七五三）先生十一岁

是年，教谕君以老告归。

教谕君以讲学为事，所至辄履满户外。尝立学规四条：曰立志，曰诵经，曰考史，曰敦伦。

论立志曰：

人性同而志殊焉，志富贵则归于富贵矣，志孝弟则归于孝弟矣，岂视孝弟不若富贵哉，由于弗辨也。志既辨，在于立，立之在于诚。

论诵经曰：

学者始于诵经，兰陵之训也。古者三十而五经立，今有白首而不通一经者矣。穷经致用，必旁推诸经而能通一经。名物象数，至理存焉，孔、贾、郑、王之学，不可不寻绎也。

论考史曰：

史学熟则名臣出，先正之论也。考之不精，则静修所谓无边受屈者，恐不在载笔而在论世者矣。考证异同，参稽身世，方可持论。三史言制度尤详，更宜精核。

论敦伦曰：

三代之学，皆以明人伦。良知良能，具于赤子，物引而迁，遂亡本体。诵经式训，考史为鉴，皆不外乎尽伦。特恐悠悠忽忽，其志不立耳。

至是年已八十，定海、镇海二邑之士，尚有裹粮来受业者。

按此据《邵氏宗谱》邵大业撰传。然大业《谦受堂集》卷十四《族兄外翰余山公征君艮庵公合传》则云生平以讲学为事，尝立学规四条，曰存诚，曰敦伦，曰立品，曰精业。论存诚曰：“诚者圣人之本，先儒所谓主静不越一敬，主敬乃所以明诚。学者果能从为己之心，鞭辟近里，静存动察，息息无妄，庶几此心一太极矣。”论敦伦曰：“学以明伦，首重孝弟，如筑室有基，植亩有根。学者根基不立，靦然人面，坐拥书史，岂不内愧。蕺山刘子名讲学之地为证人社，言如此为人，不如此为兽，畏之慎之！”论立品曰：“约之以礼，是彻上彻下工夫。循规蹈矩，检束身心，绝不向分外希望，自然惰慢不生。程子见猎心喜，自觉宿习未除，此等痼疾，惟真实用功无间，始能推勘。”论精业曰：“先儒读书，分经史古文，按月以课，三年可一周。无因循，无凌杂，虚心涵泳，熟读精思，下笔自然法不掩才，昌黎所谓沉浸浓郁，含英咀华者此也。”标目既异，文字亦殊，岂大业留稿时自为改作欤？

是年，先生从族兄升陛受经。先生自云：

晋涵与先生比屋而居，年十四五，以多病渐习呰惰，夜过半，闻先生诵授声，琅然彻户牖，亦知力疾强起，执卷就镫。（据《邵氏宗谱》先生撰《俞太安人家传》）

按升陛，字景载。丙子举人。瑛父。长于经学。如释《周礼》乐师舞，引《春秋》初献六羽，驳郑注宗庙以人之说。据《学记》三王祭川，先河后海，《公羊传》三望祭泰山河海，驳大宗伯贾疏礼无祭海之说。据《周礼》夏官羊人凡衅积共其羊牲，牛人无其文，证《孟子》衅钟本用羊不用牛之义。贯串而折其中，其大略也。（见朱珪《知足斋文集》卷四《封儒林郎邵翁墓志铭》）

先生有兄履涵，甚爱先生。尝冬寒读书，先生体弱，夜中手足皆僵。履涵引先生就爨苏沸水，煮干糒，餔先生，令先生温，促就寝。（罗有高《尊闻居士集》卷六《余姚邵伯子墓表》）

乾隆十九年甲戌（一七五四）先生十二岁

先生时有神童之目。会县试，知县李化楠呼至案前，命背五经，一字不失。复试以诗，有“小鸟解依人”句，语本《说文》。化楠深器之，谓藉安先生曰：“此君家千里驹也。”（据谢宝书《姚江诗录》引《雨村诗话》）

乾隆二十二年丁丑（一七五七）先生十五岁

是年，教谕君卒。年八十有四。定、镇二邑之士，匍匐来吊者相望；其不得来者，则相聚而哭于社。教谕君临卒，但勉其子敦本力学，不及他事。所著有《冬余经说》十卷，《四书章句偶融》三十卷，《冬余笔记》八卷，《冬余文略》六卷，《诗略》四卷。（据邵大业撰传）

按《绍兴府志》：《冬余经说》作十二卷。《冬余文略》作四卷。

教谕君尝从从兄念鲁先生（廷采）问古文法。及念鲁先生卒，叹曰：

绍兴自文成讲学传授，矩矱代有。四明所在多遗献。若张岱、吕章成，撰著卓然。先生实兼承其业。自先生殁，而绍兴之师法与史学绝矣。（《筲河文钞·邵念鲁先生墓表》）

先生实能承念鲁先生之业者，惜是时教谕君犹未能知之耳。（钱泰吉《曝书杂记》中，“大抵为学必有师承，而家学之濡染为尤易成就。余前所述惠氏、万氏皆然矣；若邵二云之学，发于族祖念鲁，姚惜抱之学，开于世父南青，亦人所共知者也”。）

乾隆二十四年己卯（一七五九）先生十七岁

补县学附生。屡试优等食饩。（《邵学士家传》）

乾隆三十年乙酉（一七六五）先生二十三岁

乡试中式。时正考官为祭酒曹秀先，副考官为少詹钱大昕。入闱后，秀先忽病痁，卧床一月，校阅之事，皆大昕一人任之。（见钱大昕《竹汀居士年谱》）大昕蕲取奇士不为俗学者。先生名在第四，五策博洽冠场，谓非老宿不办。及先生往谒，年裁逾冠，叩其学，渊乎不竭。大昕拊掌曰："不负此行矣！"（钱大昕《邵君墓志铭》）

黄崇兰《国朝贡举考略》，乙酉科浙江乡试试题：其事上也二句，吾学周礼，大而化之之谓神，八月其穫，得登字。解元陆飞。

是年，章学诚已三至京师，应顺天乡试不中。

乾隆三十一年丙戌（一七六六）先生二十四岁

是年，与张羲年同游京师。羲年以三十自序示先生，先生书其后云：

非徒温雅，乃别见孝弟之性。南丰所以高出诸家者，以其经术深也。天佣诸子，不求诸经术而求诸朴樕，失之远矣。作者留心治经，能不为靡丽所惑，后山一瓣香，庶可以有托也。（见《啖蔗集》）

先生又有序赠羲年，中有云：

尝与朋侪纵饮吴山酒楼，既醉皆引去，独拉余共宿道院。时方夜雨将半，篝灯呼余起，命背诵《国风》，句栉而字比之，以求其音义，复相与论其大旨，杂举诸说异同，而出其枨触者以参证，要主于从容寻绎，使自得之而后安。两人拥被对谈，达曙乃止，其异时讲他经亦然。（《南江文钞》卷四）

羲年长先生六岁，自少即以学相淬厉，故序言如此。

是时先生兄履涵已前卒。年仅二十有八。羲年序其遗稿云：

君父母年皆五十余，斑白盈头而哭子。其弟与桐笃于友恭。岁丙戌，与余抵足眠吴山客舍，中夜念君穷愁困踬，辄簌簌泪下不止。及同车北上，虽逆旅倥偬，未尝不然。

君好学，刻苦为文，而数奇，年二十余，困于童子试。

少承祖父训，谨饬自守；一旦忽纵于酒，垆旁客肆，遇一二贩夫牧竖，尤酣嬉淋漓而不厌，人多以是尤之者，君亦不止也。

于诗不多作，皆和平中正，摹写景物，绝无愁苦之言，岂知其有抑郁不自得于中者而遂至于斯耶！抑命之穷也！（《啖蔗集·邵礼耕诗序》）

谢宝书《姚江诗录》录其《归燕》一首云：

翠羽曾经翦绛纱，秋期已度紫云车。湘波帘外三更月，春雨江南百种花。迢递巴山愁杜宇，飘零邗上杂寒鸦。阿梁都尉无消息，好寄音书水一涯。

又罗有高《邵伯子墓表》云：

君丱角时，尚及事中书公，授以先贤格言，君退辄疏记之。王母病笃，君为文露祷，愿减己算，益寿王母，时年十四也。年十有七，总家政，区画中理，父母宗党交贤之。生平无诳言，亦未尝疑人之诳言。

则履涵盖一天性笃厚，绳墨自束士也。录之并以存其人。

履涵字礼耕，一字云亭。

冬，先生南归。

乾隆三十二年丁亥（一七六七）先生二十五岁

是年冬十一月二十六日，为先生母袁太夫人周甲之辰。张羲年有序。（见《啖蔗集》）十二月，先生复游京师。

按羲年序云："岁丁亥，冬十月，吾友邵君与桐自苕水返武林，将于腊月束装游京师，寓书作别。"又云："独念客春与桐与余同游齐、鲁、燕、赵，每念二亲，辄屏酒食弗御，中夜辗转不能成寐；今才匝一岁耳，复因人北上，长涂雨雪，经历旧游，得毋有怦然心动者乎！"知先生于是年季冬又北上也。谓其去客春北游归后，才匝一岁，故又知先生南归在丙戌之冬也。

此数岁中，先生自北游外，其踪迹率不离吴山、西湖间，与羲年常以诗相唱和。（见《南江诗钞》及《啖蔗集》）

羲年又有书与先生云：

省下为人文所聚，足下经义纷纶，虽老师宿儒，定当屈服。但消渴著书，长卿善病，呕心觅句，昌谷损年，足下可无念此哉！

又文士相轻，自古而然，武林士习，大率如此。笔墨不宜轻出示人；如不获已为之，虽搏兔亦须用全力也。（《啖蔗集》）

是年，汪辉祖始交先生。（《病榻梦痕录》卷上）

辉祖自云：

余自友二云，始得知天下士，罗台山、鲁挈非其最也。二云每握手，必以道义相勗。常戒余抗直太过，恐处事易迕。书来亦

然。余敬佩不忘。（《梦痕录余》）

乾隆三十四年己丑（一七六九）先生二十七岁

李文藻以谒选客京师，钞校纪昀所藏惠栋《古文尚书考》。先生亦参校其书。卷末并有先生是年重阳后二日之手跋云：

惠氏《古文尚书考》，余最爱其《辨正义》四条，《证孔氏逸书》九条，议论精当，为竹垞、亭林所未逮；至下卷所述，则本前人而推广之者也。

郑晓谓姚方兴二十八字，曰若句袭诸篇首，重华句袭诸《史记》，浚哲掠《诗·长发》，文明掠《乾·文言》，温恭掠《颂·那》，允塞掠《雅·常武》，玄德掠《淮南子鸿烈》，乃试以位掠《史·伯夷传》，其言与惠氏近。

又旌德梅鷟撰《读书谱》四卷，《尚书考翼》一卷，余未之见。据陈第所引，如谓《禹谟》克艰，本诸《论语》，人心道心，本诸《荀子》，《咸有一德》之观政观德，取诸《吕氏春秋》，《说命》建邦设都，取《墨子·尚同篇》，《冏命》交修不逮，取诸《楚语》，此皆辨论之最有关系者，惠氏之书，与之符合，而不言其出于梅氏，只别载梅说九条何欤！

梅氏之外，闻又有姚际恒《古文尚书通论别伪例》十卷，钱煌《壁书辨疑》六卷，与阎氏《古文尚书疏证》后先并出，当备购其书，互相参考。（见《山东省立图书馆季刊》一集一期王琯《李南涧之藏书及其他》）

文藻又借钞吴缜《新唐书纠谬》二十卷毕，会得缺出都，乃属先生为手校一过。（见同上）

段玉裁成《诗经韵谱》、《群经韵谱》（后改名为《六书音均表》）各一帙，以其书简略，无注释，不可读，是年冬，寓都中法源寺侧之莲华庵，键户烧石炭，从先生借书，为之注释。每一部毕，先生辄取写其副。至次年二月书成。钱大昕以为凿破混沌，为作序。（见段玉裁乙未十月《寄戴东原先生书》）

乾隆三十五年庚寅（一七七〇）先生二十八岁

卢文弨访先生，录得岑安卿《栲栳山人诗集》三卷。

《抱经堂文集》卷十二《题张氏所刻〈栲栳山人诗集〉后》云："乾隆庚寅，见今太史邵二云于京师，访乡前辈遗书，得元岑静能先生诗集三卷，录而藏之。"安卿，余姚人。所居近栲栳峰，故以自号。志行高洁，穷厄以终。文弨本籍余姚，故谓为乡前辈遗书云。

乾隆三十六年辛卯（一七七一）先生二十九岁

礼部会试第一，榜出，海内有识者咸曰："数十科来无此才矣！"（钱大昕《赠邵冶南序》）

黄崇兰《国朝贡举考略》，"辛卯恩科会试：总裁观保、刘统勋、庄存与。试题若臧武仲四句，明乎郊社二句，今日性善二句，下车泣罪得惭字。中式一百六十一人"。

按朱筠《笥河文集》卷首李威《从游记》："辛卯分校礼闱，总裁刘文正公得一卷，五策渊奥，以示先生。先生曰：'此余姚邵晋涵，故知名士。'力赞公拔居第一。及拆卷，果邵名。公问曰：'学士何所见不爽如是？'先生曰：'今士之绩学者，某莫不与之游，读其文，知其学，如觌其面，宁至或失之耶？'"又钱泳《履园丛话》卷十三："是科首题为若臧武仲之知四句。是日，先生忽文思涩滞，至夜半而首艺尚未成，心甚慌惚。忆前己丑科落卷内，有子在陈曰至狂简后二比，似可移置，不暇修改，而竟直抄之，聊以塞责完篇，并不妄思捷获；而主试者阅至此二比，遂句句叹赏，以为空中议论，通场所无，竟置榜首。先生学问素充，经经纬史，下笔千言，何至有枯索之时，而为帖括题所束缚耶？即文思偶滞，亦何至抄录绝不相关之题文耶？乃竟以此得元，亦奇矣哉！可见时艺一道，原可通融，是在慧心人能自得之耳。”盖传闻之不同如是。

王增、鲁仕骥、周永年、孔继涵、钱澧、孔广森等亦同时登第。

故事，南省第一人，当在词馆之选，而先生独罢归。黄景仁有题先生《姚江归棹图》沁园春词云：

有客朝来兴发，沧州飘然一航。问四明蘗蘗，故山无恙，姚江淼淼，此水何长。古有狂奴，后来狂客，揖让其间总不妨。君休笑，算几人至此，煞费思量。凤池夺我庸伤，有浦上秋风旧草堂。（所居地名秋风浦）况传家《易》在，缗而再注，故侯瓜好，熟矣堪尝。其果行耶，乐宁有是！只惜苍生望一场。披图羡，羡名山岁月，到手差强。（《两当轩集》卷十八）

时藉安先生年六十矣。先生过钱大昕乞文为寿。大昕因有《赠邵冶南序》。

先生少从童钰游。（江藩《国朝汉学师承记》）时钰寓苏州龙兴寺，先生过之，相与盘桓月余。寺中有梅六本，忽发五花，人传以为异。（《二树山人写梅歌》注）钰善画梅，有《二树山人写梅歌》，每首皆佳绝。其中一首，乃寄先生者。题为《写梅寄邵二云三十五叠前韵》。其辞云：

五叶萼，七茎须，纯阳独萃梅全株。不藉栴檀馥，自有香风濡。吁嗟我友绝相类，干为骨兮花为肤。往者岁辛卯，走也客姑苏。君归千里特相访，读书同借禅房居。簷前老梅忽微笑，晨夕宛对三人居。快析疑义惬清赏，联床中夜闻歌呼。君真博物复勤学（苏如溱评云，邵君足当此语），丹铅不数杨新都。一从视草明光殿，人间旧乐难再图。清宵入梦常相忆，犹疑月照梅梢虚。不增不改任寒暖，与君相保荣不枯。每念古人重芳讯，一枝寄赠诚非诬。写成驿使苦难覯，道远何由致区区。

按袁枚《随园诗话》卷六："二树画梅，题七古一篇，叠须字韵八十余首，神工鬼斧，愈出愈奇。"又文集卷二十八《童二树诗序》，"作七古题画，叠须字韵百余首，藻思坌涌，与古梅槎枒，同铭风云"云云，即指此。枚自谓钰少许可，独倾倒枚，语不尽实；章学诚尝辨其诬罔，见《章氏遗书》卷一《书坊刻诗话后》。然其评钰此诗则甚确。

是年冬，先生与章学诚、洪亮吉、黄景仁等同客太平使院。学使朱筠，先生会试房师也。十二月二十六日，与先生及学诚、亮吉、景仁、张凤翔、徐瀚、莫与俦等同游采石，有记。（见《笥河文集》卷七）筠又有怀衮楼雪用禁体和先生韵诗，中有"我题采石胜，尚溯青莲烈，清兴子猷发，长律退之设，欧公禁体冷，苏老犯劫热"等句。（《笥河诗集》卷八）

学诚学古文词于筠，苦无藉手，先生辄举前朝遗事，俾筠与学诚各试为传记以质文心。其有涉史事者，若表志记注世系年月地理职官之属，凡非文义所关，覆按皆无爽失。由是与学诚论史，契合隐微。（见《邵与桐别传》）

按朱筠与章学诚各试为传记事，学诚《丙辰札记》亦记及之云："余于乾隆辛卯之冬，与故学士邵二云聚于太平之使院。邵出《介三文钞》，有明季遭乱妇女之死节者数通，俾余与朱先生据宋氏文而改为之。盖宋君所叙，事多可采，而文不称也。余虽有改撰，而自嫌未善，旋弃其稿。朱先生集，尚有江都罗仁美继室李氏、歙人洪志达妻叶氏二传，皆本宋介三文而改撰者也。”

亮吉既交先生及学诚等，识解益进，始从事诸经正义，及《说文》、《玉篇》，每夕至三鼓方寝。（见吕培《洪北江先生年谱》）

乾隆三十七年壬辰（一七七二）先生三十岁

正月十七日，朱筠因先生言，书余姚景烈妇事。

《笥河文集》卷十五《书烈妇景事》，“烈妇景者，故明中书舍人余姚沈之泰妻也。顺治四年七月，王师破浙江之舟山，鲁王走闽海中，之泰被执，不降，斩于杭州。景闻之自经”云云。月日据《笥河文钞》卷一。

二月朔日，又为先生从祖念鲁先生作墓表，亦从先生请也。（见《笥河文集》卷十一，月日据《文钞》卷一）

三月初五日，筠与先生及章学诚、洪亮吉、黄景仁、张凤翔等游青山。留宿保和庵，雨声入耳，寂坐密听。筠与先生等纵谈，念人生若浮，叹息此会之不易，他日当思青山今夕雨也。初六日返。（见《笥河文集》卷七《游青山记》）

四月，筠又与先生、洪亮吉等游黄山、齐云、九华诸胜。自慈光寺抵文殊院，看云海毕，即留宿山顶。夜半，亮吉曳杖独行，先陟天都之半，道梗塞不得上，复回从间道至莲花绝顶，久憩乃下。先生等不能待，已从文殊院下山，亮吉凡一日半夕不食，方追及于云谷寺，履已穿，衣为荆棘所刺尽裂。筠及先生正色规曰：“君游山亡命至此，独不为太夫人地耶！”亮吉悚然，自此不敢冒险独行矣。（洪亮吉《更生斋文乙集·平生游历图第五本末》）

六月亮吉归里，与先生于怀宁城下相别，各为诗八百字以赠。亮吉诗云：

伊余少遭疾，廓焉昧趋承，闻言善可师，百里欣担簦，夫子（谓朱筠）导前路，饥翅摩秋鹰，陈编始相习，众义恣轹轹，迷津不逢沮，浩海愁难溯，夫子谓我言，师友善者登，予时学括囊，贤劝恶则惩，所欣君子交，循阶竟堪升。穷冬遇霜雪，百物志已凝，君乎遽唯唯，贱子惭儚儚，专家愧墨守，昧理咨疑丞，沿流筑卑堤，引梯导初层，谈言偶微中，譬若矢射硼，贯珠何累累，古义若引绳，颇感四座中，百问亦百应，我怀其如何，易炭更置冰。

自从熹平来，经史毒雾蒸，新芜暨陈莽，谁薙千亩芳，邹愚竟哄鲁，薛耻欲长滕，秦氛更临晋，宋虐竟用鄫，推之兴废源，楚失齐亦曾，觚亡不存醴，鼎废空留胥，寻源昧先河，识小矜于登，堆匈富陈言，得一即自矜，为儒竞绵蕞，守官昧彀蒸，不审涓滴微，遽谓沧溟增，如听十五弦，小绝由大拖，殊轨偶相值，遭此震电冯。嗟嗟百年余，其道若土崩，列宿争天躔，虫飞更瞢瞢，余姚暨四明，月晦置一灯，作论偶抵捂，历今无殊称，志乖理则合，千穗汇一塍。后来群师儒，卮言竞钞誊，私为一家说，遑辨淄与渑，宗规既守株，剿义若裂缯，不逢朱弦弹，瓦鼓还凿凿。逮今遇吾子，匪伊异人胜，乾坤师儒席，位置理亦应。

忆余甫成童，授书契颜曾，平生师友谊，诲语常兢兢，因端更推委，所苦常无征，如星列诸说，谁能旭日升，惟兹两夫子，平时亟声称，欲待意气隆，作论拟辟僧，芦蒲及菰蒋，妒此歜角菱，终嫌毅力薄，十载少所凭。抑闻为山卑，道在如月恒，寒虫晒阳雁，晦羽悲群蝇，啾啾睹百鸟，斥此垂天鹏，君子审所自，不惧世俗憎，岱宗从东来，群山失崚嶒，途长有如年，讵敢跬步麦，我裹一篑土，欲补邱与陵，使彼后世言，淮水支分浚。

逢君记前时，退若无一能，汪汪千顷波，久之不改澄，人言大罗天，羡子健笔凌，君时一回首，引领瞻觚稜，回帆拟著书，钞残剡溪藤，枝条千百年，贯之以巨絙，有时一倾吐，譬若火上腾，童牯竞痴黠，俱欲麾以肱，闻言舌不下，几在讵敢凭，回知诱诫善，连少间可乘，谓宜藏名山，后有作者兴，我欲书绪言，愧乏一束绫，不然别君时，置之在行縢。蓁芜日以深，见此触石鲮，炎飚日以酷，见此鸣秋蝇，风裁此吾师，敢云谊则朋，相期事黾勉，道统开云仍。

我观古师儒，好修尝受礽，后来咸丑正，规员竞磨棱，含沙既沉骨，切肤讵知癃，引兽俾决篱，贪鱼致亡罾，终道忧迷途，曷不大道升，我欲家置喙，苦怀谁共愎，一线苟有在，誓当廓之宏，君子有赠言，鄙人谨服膺。（洪亮吉《附鲒轩诗》卷三）

先生诗云：

亶安月在塞，辰轮三角承，我初来姑熟，夜解双缟簦，是时月生霸，霜气挎挐鹰，见君广座中，风纛奔车辕，词源沛溟涨，泔却海可溯，探怀出歌诗，古乐三阶登，用核栈以间，克壮鼓得惩，异才独挺出，轩鹤从朝升，因缘比舍居，朽著占合凝，予方病呰窳，旅魂愁儚儚，纵有铿铉音，不得喧聋丞，君持五色笔，解赠三花层，引纶贯史事，往若矢决弸，缥徽准经义，古训相纠绳，闻言自迹屑，瞪目不敢应，徐观谦谦怀，舒卷一幅冰，矫然秀楚质，不遗薪与蒸。

吁嗟瓜园后，大道埋榛芃，火燎势中裂，川沸气上滕，淹中述游夏，棘下保杞鄫，枕膝授荄滋，秘义得未曾，栗阶不莅事，谁辩菹醢胥，张图昧东西，木豆杂瓦登，秦延广师说，烦言亦可矜，敷陈若稽古，志岂邀祠蒸，高密汇群言，屹若堂墙增，中声定律吕，候气得互緪，谁传《圣证论》，异义相削冯，清言继飚起，防涘俄骞崩，冥心从臆决，蠡语终瞢瞢，蝝老自缠茧，蛾昧欲扑灯，班生讥禄利，扬子喻名称，变本弥加厉，一决颓沟塍，陈言强皮傅，百手争钞誊，汲古资深源，曷不溯淮渑，饥必戎菽稷，寒赖裘葛缯，六经出土苴，丝竹棉清蘲，百心挽之东，独力健者胜，束身弦诵间，挝折理亦应，逡廱正昧朔，圭槷传高曾，旦亡利牿脱，夕惕怀冰兢，不逢澹雅才，微言谁与征。

阊阖春风来，朝日丹霞升，江南山水窟，烟萝被盘倗，青山破风雨，瞑色延枯僧，西峰属东阜，分簇尖尖蔆，跣足踏流泉，蟠木曲作冯，鋔穷蹊转仄，石仆径绝恒，长松客鸟嗉，草洁无栖蝇，援樛跨长脊，巨翅拔海鹏，归携素石一，独爱人所憎，去作黄山游，气欲超崚嶒，黑云压素练，深涧一木夌，山花大如拱，俯引松拔陵，县溜穿青崖，别窦通阴凌，蹑空只手易，缒险一跃能，夕阳开天都，灏气浮苍澄，诸峰梳合沓，爬剔瘦骨凌，别寻莲华邃，华应峭出稜，散枝下勾曲，绊足疑藟藤，急雨侵回峦，瀑卷版断絙，沿沟下云谷，迅甚快马腾，悔不老岩岫，枕石拳其肱，逝将游十岳，志在力可凭。

知君兼人勇，果决超先乘，愿以嗜学心，望古逌然兴。与君结绸缪，投纻报以绫，今君赋归省，残暑收丝縢，吟篇溢箧衍，光彩辉文鲮，江芦绕红芰，岸柳嘶凉蜩，秋风已可怀，矧此别友朋，川衢慎起居，执袪语频仍，恭闻哲人言，好学为祉仍，山川岂云远，吴越一叶棱，伊余疏检律，结体多疢癃，遗文思网罗，椮漏张缺罾，期子事箴规，引我从善升，在远谊日竺，内鉴同祇悛，泰岑积土埤，基巩业自宏，物恒垂典训，君其缕厥膺。（见同上）

两诗皆以辟俗学之汩真，为自勗勗人之鹄，非寻常赠别语，故全录之。前辈成学，多资师友夹持，于此等诗可见。至亮吉黄山之游，本属快举，经先生险韵刻画，尤觉奇情跃如，又其余事矣。

黄景仁与先生游黄山，寻益然和尚塔不得，有诗。（见《两当轩

集》卷五）

按益然和尚，歙之西石冈人，故孝廉汪沐日也。明亡后，祝发于闽之吴山，梨洲先生有《吴山益然大师塔铭》。

先生旋亦归里，景仁以诗送之云：

去年红药翻阶时，诵君曲江新赋诗，文人海内手加额，我曹读书宜勉之。景星祥凤一灿烂，几日闻君已投散，生平绝少御李缘，亦向空山伫长叹。江南山水天下闻，君昨来看山中云，山因君至出生面，我亦因山得识君。六经泥蟠久丁厄，奇书二酉不可觅，蠹鱼跃出秦灰来，一发千钧著书责。游山读书岁月宽，天意待君殊未悭，玉堂回首付余子，我为扼腕君开颜。蓬累经风未能住，日夕同驰陌头路，篮舆前后苦哦声，道上儿童笑相觑。为言昔别春明门，道旁送者无一人，朗吟襆被上车去，衣上薄污长安城。归来浣向姚江浦，江水一清犹似许，四明浓翠扑人来，从此摊书作山主。未能无别送将行，此去名山信有灵，下风倾耳听消息，倘为苍生一动情。（见同上）

按景仁于乙未夏主寿州正阳书院讲席，北上时有《留别正阳书院诸生并怀邵二云编修》诗四首，其第一首云：

往岁青门客，曾为此地师，斯人真世表，而我亦心仪。暂释上丁菜，仍然太乙藜，诸君应怅惜，未得久追随。（《两当轩集》卷十一）

似先生是年亦曾主讲正阳书院也。（按正阳书院，《寿州志》卷九《学校志》作寿阳书院）

乾隆三十八年癸巳（一七七三）先生三十一岁

春正月，章学诚至余姚访先生，留数日。

先是学诚在太平使院时，盛推念鲁先生所著《思复堂文集》，正色谓先生曰：

> 班、马、韩、欧，程、朱、陆、王，其学其文，如五金贡自九牧，各有地产，不相合也。洪垆鼓铸，自成一家，更无金品州界之分，谈何容易！文以集名，而按其旨趣义理，乃在子史之间，五百年来，谁能办此！

先生未深然也。至是谓学诚曰：

> 近忆子言，熟复先念鲁文，信哉如子所言。乃知前人之书，竟不易读，子乃早辨及此，至今未经第二人道过，即道及，亦无人信也。先念鲁得此身后桓谭，无恨于九原矣。

以原刻未能尽善，属学诚校定其书，将重刻以行世。然学诚以有所慎重，未果校，先生卒后，学诚索其书不能得，旋目废不能校矣。（以上俱见《邵与桐别传》章贻选按语）

是年，四库馆开，纪昀为总裁，先生以大学士刘统勋荐，特旨改庶吉士，充纂修官，与戴震、周永年、余集、杨昌霖等同入馆编校，士林荣之，称五征君。（按除杨昌霖外，亦称四布衣。礼亲王昭梿《啸亭杂录》卷十云：“乾隆中，上特开四库全书馆，延置群儒。刘文正公荐邵学士晋涵，于文襄公荐余学士集、周编修永年、戴检讨东原于朝，上特授邵等三人编修，戴为庶吉士，皆监修四库书。时人谓之四布衣云。”）高文照有诗寄先生等曰：

> 屈指浮生几甲寅，孤身天地一微尘。魏收木榻经穿久，刘勰

雕龙自罽频。正派百川归学海，空山四壁有逋臣。大官厨味宁多羡，珍重青藜照读人。（戴璐《藤阴杂记》）

盖伤其不预斯选也。

先生所职为史部。凡史部诸书，多由先生订其略，其提要亦多出先生之手。（阮元《南江邵氏遗书序》）盖浙东儒哲，讲性命者多攻史学，历有师承，其间文献之征，所见所闻所传闻，容有中原耆宿不克与闻者，先生自其家传乡习，闻见迥异于人；既入馆，肆窥中秘，遂如海涵川汇，不可津涯。（见《邵与桐别传》）环境之有助于学人类如此。

惟考先生文钞中，所载《史记》、《史记集解》、《史记正义》、《汉书》、《后汉书》、《晋书》、《宋书》、《南齐书》、《梁书》、《陈书》、《魏书》、《北齐书》、《周书》、《隋书》、《南史》、《北史》、《旧唐书》、《新唐书》、《五代史记》、《宋史》、《辽史》、《金史》、《元史》、《明史》及《两朝纲目备要》、《通鉴前编》、《通鉴纲目前编》等各《提要》，与《四库全书总目提要》所载，字句颇多异同。若《史记提要》、《后汉书提要》、《新唐书提要》，则面目迥殊。大抵文钞所载多议论语，而彼则多辨证语。《五代史记提要》一篇，亦小同而大异。谭献《复堂日记》云：

阅邵二云先生集诸史提要，语见渊源，深识玄解，因检官本互勘，多所删改矣。

言下似甚惋惜。兹录此四篇以资参稽。《史记提要》云：

《史记》一百三十卷，汉司马迁撰。

迁自序凡百三十篇，五十二万六千五百字，为《太史公书》。《汉书·艺文志》作《太史公》百三十篇，附于《春秋》家；《东平思王传》亦作《太史公书》。自汉以后，乃称《史记》焉。迁自言继《春秋》而论次其文，后之学者，疑辨相属。以今考之：

其叙事多本《左氏春秋》，所谓古文也。秦汉以来故事，次第增叙焉。

其义则取诸《公羊春秋》，辨文家质家之同异，论定人物，多寓文与而实不与之意，皆公羊氏之法也。迁尝问《春秋》于董仲舒，仲舒故善公羊之学者，迁能伸明其义例，虽未必尽得圣经之传，要可见汉人经学，各有师承矣。

其文章体例，则参诸《吕氏春秋》而稍为通变。《吕氏春秋》为十二纪、八览、六论，此书为十二本纪、十表、八书、三十世家、七十列传，篇帙之离合先后，不必尽同，要其立纲分目，节次相成，首尾通贯，指归则一而已。

世尝讥史迁义法背经训，而称其文章为创古独制，岂得为通论哉！

《史记》注传于后者三家，裴骃《集解》、司马贞《索隐》、张守节《正义》。其初各为一书，后人并附分注，以便检览，明监本《史记》，亦三家并列也。

迁引六经之文，间易以训诂，皆本西汉诸儒之旧说。裴骃引徐广《音义》，多识古文奇字，复取经传训释以为《集解》，扶微学而阐隐义，赖以不坠。是迁能述经典之遗文，而骃能存先儒之轶说，考诸经古义者必归焉。不仅史法为后人所遵守也。

贞、守节复推广《集解》所未备，而申以辨论，如谓《夏本纪》失载有穷后羿之事，《卫世家》宜考武公受命之年，陈佗、五父，一人而分为二，阚止、宰我，二事而合为一，互引众说，以折衷其是非，视颜师古之注《汉书》，专宗班氏者为一变焉。

三家注间有脱落，明震泽王氏刻本较为完善，监本取以校定字句，并存三家之注，惟《索隐》有单行本云。

《后汉书提要》云：

《后汉书》一百二十卷，宋范蔚宗撰，唐章怀太子贤注。其志三十卷，则取诸司马彪《续汉书》而梁刘昭为之注者也。

郦道元《水经注》尝引司马彪《州郡志》，疑彪之诸志，在六朝已有单行之本，故昭独为之注。杜佑《通典》述科举之制，以《后汉书》、《续汉志》连类而举，则知以司马志附见范书，实始于唐人。陈振孙《书录解题》谓宋乾兴初判国子监孙奭始建议校勘，合为一书者，考之不审也。

东汉尚气节，此书创为《独行》、《党锢》、《逸民》三传，表彰幽隐，搜罗殆尽。然史家多分门类，实滥觞于此。

夫史以纪实，综其人之颠末，是非得失，灼然自见，多立名目奚为乎！名目既分，则士有经纬万端，不名一节者，断难以二字之品题，举其全体，而其人之有隐慝与丛恶者，二字之贬，转不足以蔽其辜。宋人论史者不量其事之虚实，而轻言褒贬，又不顾其传文之美刺，而争此一二字之名目为升降，辗转相遁，出入无凭，执简互争，腐毫莫断，胥范氏阶之厉也。

然范氏所增《文苑》、《列女》诸传，诸史相沿，莫能刊削，盖时风众势，日趋于文，而闺门为风教所系，当备书于简策，故有创而不废也。

《儒林》考传经源流，能补前书所未备，范氏承其祖宁之绪论，深有慨于汉学之兴衰，关于教化，推言终始，三致意焉。岂独贾逵、郑康成诸传为能阐其微意哉！李贤注参用裴骃、裴松之之体，于音义则省其异同，于事实则去其骈拇，征引之广博，训释之简当，为史注之善者。刘攽《刊误》，讥其末数卷援引多误，当以分曹授简，各有疏密，又争于成书，无暇覆检耳。

范书为纪十、列传八十，共九十卷。《旧唐书·经籍志》又有范氏《后汉书论赞》五卷，殆以范氏文体，高于六朝诸人，而爱其文辞者，遂摘取其论赞，别为一书欤？

司马彪志详述制度，较《史》、《汉》诸志为稍变其体，后来晋、隋诸志，实仿其例。

刘昭注尤谙悉于累朝掌故，荟萃群说，为之折衷，盖能承六朝诸儒群经义疏之学，而通之于史，以求其实用，亦可见其学之条贯矣。

《新唐书提要》云：

《新唐书》二百二十五卷，宋欧阳修、宋祁撰。

曾公亮表进其书，谓其事则增于前，其文则省于旧，语似夸诩；陈振孙又谓事增文省，正《新书》之失：以今考之，皆不明史法者也。

夫后人重修前史，使不省其文，则累幅难尽，使不增其事，又何取乎重修，故事增文省，自班固至李延寿莫不皆然，不得以此为夸诩，亦不得转以此为诋諆，《新书》之失，在增所不当增，省所不当省尔。

夫《唐大诰》、《唐六典》，为一代典章所系，今纪传既尽去制诰之辞，而诸志又不能囊括六典之制度，徒刺取卮言小说以为新奇，于史例奚当乎！芟除字句，或至失其本事，不独文义之蹇踬也。

然自吴缜为《新书纠缪》，学者师其余论，吹毛索疵，莫不以《新书》为诟厉；甚至引幽怪之书，无稽之说，证《新书》为失实，是岂足以服修、祁之心哉！

平情论之：

《新书》删定旧史，废传六十一篇，如薛伾、李佑等之事宜附见，韦元甫、李若祁等之行事不著，玄奘、神秀之事多属荒渺，此删并之善也。

新添传三百一十篇，《后妃传》增载郭贤妃、王贤妃，《创业功臣传》增史大奈，韩门弟子增载皇甫湜、贾岛，《忠义传》增载雷万春、南霁云，《循吏传》增载韦丹、何易于，《儒学传》增载张齐贤、啖助，《文艺传》增载吕向、张旭，《方技传》增载邢和璞、罗思远，《列女传》增载高愍女、杨烈妇，此搜罗遗佚而有裨于旧史者也。

且旧史于咸通以后，纪传疏略，《新书》则于韩偓之纳忠，高仁厚之平贼，与夫雷满、赵匡凝、杨行密、李罕之之僭割，具书于传，一代兴废之迹备焉。岂得谓其无补于旧史欤！

即其删存旧文诸传，如姚崇则略载其初见十事，韩愈则载其出使王庭凑，皆合史裁，非漫然损益也。

《宰相世系表》虽多附会华胄，难尽征信，要足备唐人之谱学。

《艺文志》略存撰人出处，较旧史《经籍志》为稍优。

综其大略，删烦补阙，亦所谓后起者易为功耳。

使修、祁修史时，能溯累代史官相传之法，讨论其是非，决择其轻重，载事务实而不轻褒贬，立言扶质而不尚挦扯，何至为后世讥议，谓史法之败坏自《新书》始哉！

今新、旧《唐书》并列学官，集长去短，各有取裁，学者亦无庸过分轩轻矣。

《五代史记提要》云：

《五代史记》七十五卷，宋欧阳修撰。

修以文章名，为此书，自谓得《春秋》遗意，当时推重其书，比诸刘向、班固。

然朱子已讥其张居翰为失实，陈师道讥其李思恭、思敬为失考；又如王彦章则过事推崇，元行钦、乌震则过为诋毁，褒贬之不平，复为李心传诸人所讥议；至年月之参差，纪传之复舛，吴缜《纂误》已详言之矣。

以今考之，则前人所指摘，尚有未尽者。

夫史家以网罗放失为事，故曰“其轶时时见于他说”，又曰“整齐旧闻”，李延寿《南北史》于旧史外时有增益，斯其为可贵也。修则不然，取旧史任意芟除，不顾其发言次第，而于旧史之外所取资者，王禹偁之《阙文》，陶岳之《史补》，路振之《九国志》三书而已。所恨于修者，取材之不富也。

修与尹洙同学古文，法《春秋》之严谨。洙撰《五代春秋》，虽行文过隘，而大事不遗。修所撰帝纪，较《五代春秋》已为详悉矣；然于外蕃之朝贡必书，而于十国之事，俱不书于帝纪，岂十国之或奉朝贡或通使命者，而反不得同域外之观乎！所恨于修者，书法之不审也。

法度之损益，累代相承，五代虽干戈相继，而制度典章，上沿唐而下开宋者，要不可没。

修极讥五代文章之陋，只述《司天》、《职方》二考，而于礼乐职官食货之沿革，削而不书，考古者茫然于五代之成迹；即《职方考》于十国之建置，亦多疏漏。所恨于修者，掌故之不备也。

旧史但据实录，排纂事迹，无波澜意度之可观，而修则笔墨排骋，推论兴亡之迹，故读之感慨有余情，此其所由掩旧史而出其上欤！

徐无党注发明义例，疑亲得于修所口授者；然但有解诂而不详故实与音义，是亦史注之别体也。

按《四库总目提要》于《史记》但辨其文字有散佚窜易处；于《后汉书》但辨其论赞之离并，及确定八志为司马彪之作；于《新唐书》但辨宋祁之刊除诏令为非得已；于《五代史记》则但责其仅述

《司天》、《职方》二考为其书最大之失：故兹所录，其足资发明之处颇多，不特语气之轻抑扬异也。

考《提要》所言，重在釐订，于史例本无所发明，然如《后汉书提要》谓史以纪实，综其人之颠末，是非得失，灼然自见，而以范蔚宗之多立名目为非；《新唐书提要》谓累代史官相传之法，在讨论其是非，决择其轻重，载事务实而不轻褒贬，立言扶质而不尚挦扯，而以修、祁之增省为未当（皆据《文钞》），则先生对于修史之态度，亦可于此略见其端。惟载事立言二语，固为史家必须遵循之极轨，而以此律累代之史编，虽马、班不能无议，况在修、祁！盖数千年史学界之榛芜，不能扫而清之者，即此轻褒贬而尚挦扯之习障之也。

先生就书论书，不苟附和，于《提要》中能持公允之论。如《魏书》世号秽史，先生则力为开脱。《魏书提要》云：

> 收以修史为世所诟厉，号为秽史，今以收传考之，则当时投诉，或不尽属公论，千载而下，可以情测也。
>
> 议者云："收受尔朱荣金，故减其恶。"夫荣之凶悖，恶著而不可掩，收未尝不书于册；至论云："若修德义之风，则韩、彭、伊、霍，夫何足数！"反言见意，史家微辞，乃转以是为美誉，其亦不达于文义矣。
>
> 又云："杨愔、高德正势倾朝野，收遂为其家作传；其预修国史，得阳休之助，因为休之父固作佳传。"夫愔之先世为杨椿、杨津，德正之先世为高允、高祐，椿、津之孝友亮节，允之名德，祐之好学，实为魏之闻人，如议者之言，将因其子孙之显贵，不为椿、津、允、祐立传而后快于心乎！《北史·阳固传》，固以讥切聚敛，为王显所嫉，因奏固剩请米麦免固官。从征峡石，李平奇固勇敢，军中大事，悉与谋之，是固未尝以贪虐先为李平所弹也。固他事可传者甚夥，不因有子休之而始得传。况崔暹尝荐收修史矣，而收列崔暹于酷吏，其不狗私惠如此，而谓得

休之之助，遂曲笔以报德乎！

议者又云："卢同位至仪同，功业显著，不为立传，崔绰位止功曹，本无事迹，乃为首传。"夫卢同希元义之旨，多所诛戮，后以义党罢官，不得云功业显著。绰以卑秩见重于高允，称其道德，固当为传独行者所不遗。观卢斐诉辞，徒以父位仪同，绰仅功曹，较量官秩之崇卑，争专传附传之荣辱（自注，《魏书》初定本，卢同附见《卢元传》，崔绰自有传。后奉敕更审，同立专传，绰改入附传），是乌足与之论史法哉！

自崔浩以修史被谤获祸，后遂酿为风气，故李庶诉于杨愔，谓魏收合诛，其一时讙讼之状，犹可概见，收之得免幸也。

然李延寿以唐臣修《北史》，多见馆中坠简，参校异同，多以收书为据。其为收传论云："勒成魏籍，婉而有章，繁而不芜，志存实录。"于是秽史之谤，可以一雪矣。

收叙事详赡而条例未密，多为魏澹所驳正，《北史》不取魏澹之书，而于澹传存其叙例，亦史家言外之意也。澹等之书俱亡，而收书终列于正史，然则著作之业，固不系乎一时之好恶哉！（据《文钞》）

魏收恃才轻薄，有惊蛱蝶之称，矫诬处或不能尽免。当时谤史既成风气，收以德望不足服人，益予人以抨击之资，一呼百应，投诉纷纭，淆乱真实，往往如此。而李百药撰《北齐书》，竟据以诋諆魏氏，岂得谓平。先生逐事驳正，为收雪千载之谤，固非有意翻案。王鸣盛亦云魏收手笔虽不高，亦未见必出诸史之下（《十七史商榷》），与先生有同情焉。李延寿修《北史》，不本魏澹书而本收书，要非漫无所见。而赵翼深以为疑，不能自解，则云："魏收修史在北齐时，凡魏朝记载，如邓渊、崔浩、高允所作编年书，李彪、崔光所作纪传表志，邢峦、崔鸿、王遵业所作《高祖起居注》，温子升所作《庄帝纪》，元晖业所作《辨宗室录》，卷帙具在，足资采辑，故其书较为详备。及书成则尽焚崔、李等旧书，而收书独存，是知澹书已悉本收书，延寿又在澹后，自不得不以收书为本。”（见《廿二史札记》卷十三）以审订诸史曲直，不掩其失，而亦乐道其长之赵翼（语见《廿二史札记》钱大昕序），其强辞加罪犹如此，则益知先生此论为不容已矣。

先生于元人三史，深致不满，而以《宋史》为尤盛。其《宋史提要》云：

向来论《宋史》者，俱讥其繁芜，而鲜所举正。

柯维骐仅引《容斋五笔》辨正向敏中、李宗谔数事，未能旁及。

其后沈世泊撰《宋史就正编》，综核前后，多所匡纠，约举数端：

如《高宗纪》绍兴十二年八月戊戌，洪皓至自燕，而《洪皓传》作七月见于内殿；《朱倬传》宣和五年登进士第，据《徽宗纪》则宣和六年第进士，是为甲辰科，并非五年：此纪传之互异也。

《宋准传》云，李昉知贡举，擢准甲科，会贡士徐士廉击登闻鼓，诉昉取舍非当，太宗怒，召准覆试，后遂行殿试，据《选举志》，开宝六年，御殿给纸笔，别赐殿试，遂为常制，是太祖时事误作太宗；《苏舜钦传》云，康定中，河东地震，舜钦诣匦通疏，据《五行志》，地震在宝元元年，康定止一年，无地震事：此志传之互异也。

《杜太后传》云，母范氏，生五子三女，太后居长，而《杜审琦传》则云审琦昭宪皇太后之兄，太后昆仲五人，审琦居长；又《太后传》云，生太祖、太宗、秦王廷美，据《廷美传》则其母为陈国夫人耿氏；《张浚传》云，浚擢殿中侍御史，驾幸东南，后军统制韩世忠所部逼逐谏臣坠水死，浚奏夺世忠观察使，据《韩世忠传》，世忠乃左军统制而非后军统制，又《滕康传》，韩世忠以不能戢所部，坐赎金，康复论世忠无赫赫功，诏降世忠一官，是奏夺世忠观察使者，乃滕康而非张浚：此传文前后之互异也。

讥《宋史》者，谓诸传载祖父之名而无事实，似志铭之体，详官阶之迁除而无所删节，似申状之文；然好之者或以为世系官资，转可藉以有考。及证以他书，则《宋史》诸传，多不足凭：如《晁补之传》云，太子少傅迥五世孙，宗悫之曾孙也。父端友。据黄庭坚为补之父端友撰志铭云，晁氏世载远矣，有讳迥者，以太子少保致仕，谥文元，君之曾王父讳迪，赠刑部侍郎，王父讳宗简，赠吏部尚书，父讳仲偃，库部员外郎。刑部视文元母弟也。是补之实非迥五世孙。又《晁迥传》云，迥子宗悫。据曾巩《南丰集》，宗悫父名觏，是补之实非宗悫曾孙。《谢绛传》云，祖懿文，父涛。据范仲淹撰谢涛志铭，懿文生崇礼，崇礼生涛，涛生绛，是谢绛实为懿文曾孙。然则《宋史》所述世系，岂足尽信哉！

《洪迈传》云，乾道二年知吉州，六年知赣州，辛卯岁饥，十一年知婺州，十三年拜翰林学士，淳熙改元，进焕章阁学士。据本纪，淳熙十四年，有翰林学士洪迈言，则淳熙改元，当作绍熙改元。乾道无十三年，传云辛卯岁饥，为乾道七年，则十一年上宜加淳熙二字。又迈以淳熙十年，知太平州，有惠政，今《瑞麻赞》、《姑熟帖》尚在太平，而传文阙载。然则《宋史》所叙官资，又岂可尽信哉！

至于宋师伐辽，高凤以易州来归，见《北盟会编》，而《宋史》误作郭药师；绍兴中，赵鼎以奉国军节度使出知绍兴府，见《宰辅编年录》，而《宋史》误作忠武军；汴京之破，失载王履之奉使尽节，南宋之末，失载王坚之守城不降：是其于忠义之士，立功之臣，尚多阙落，尤为疏漏之大者矣。

世洎所匡纠者，皆切中《宋史》之弊；然其前后之复沓牴牾，不一而足，世泊亦不能悉举也。当时修《宋史》，大率以宋人所修国史为稿本，匆遽成编，无暇参考。宋人好述东都之事，故史文较详；建炎以后稍略，理、度两朝，宋人罕所纪载，史传亦不具首尾。遂至《文苑传》止详北宋，而南宋仅载周邦彦等寥寥数人，《循吏传》则南宋无一人。岂竟无可考哉！抑亦姑仍东都书之旧而不为续纂也。

然如南唐刘仁瞻之死节，欧阳修《五代史记》、司马光《通鉴》俱为证明，而《宋史》仍作以城降；李浣终于辽，未尝入宋，见《辽史》本传，而《宋史》仍附传于《李涛传》后：此其于通行学官之书，同修之史，尚不及引证，其参差之迹，阙遗之事，又岂可枚举乎！

惟诸论尚无甚偏驳，创立《周三臣传》，亦可为后来修史之法，姑取以备一代之史而已。

据此，则先生之不满《宋史》何如哉！而先生《南江札记》中所驳正者又数十事，《宋史》之芜陋如是，宜明以来思改纂者甚多，而先生与章学诚亦欲相约以撰新史也。

以上述先生《提要》大概。徐友兰评之云：

先生为念鲁先生族孙，而友章实斋先生。念鲁、实斋皆长于史，著书成一家言。章先生尤为谭史大宗。以故先生之论，推阐义法，针药膏肓，多积古所未道。而间与章先生相出入：如《史记》本名《太史公书》，《宋书》诸志，追述前代，史法应尔，其明较者也。谓《南史》以宛陵女子等入《孝义传》，为男女无别，则太史公《货殖传》有巴蜀寡妇清，《汉书·艺文志》有《李夫人幸贵人歌诗》，以及《古今人表》、《华阳国志·士女总赞》、《士女目录》，斯比颇多，非我作古，虽例违《北史》，未为巨谬。至谓太史公守公羊家法，论定人物，多文与而实不与，与章先生言体圆用神为《尚书》之嗣，皆证鼏绝学，而体裁史法，说相左右者焉。（《绍兴先正遗书·四库提要分纂稿跋》）其说亦当。

乾隆三十九年甲午（一七七四）先生三十二岁

仍纂校《四库全书》。兼辑《续三通》。（见《文钞》卷四《广西乡试录序》）按孙星衍《寰宇访碑录序》云：

> 昔邵学士晋涵纂书三通馆，檄取海内石刻，进之内廷，编书以续郑樵《金石略》，录其副本，举以相赠。

则《续通志·金石略》，当为先生所编无疑。郑樵《金石略》所录，原本欧阳修、赵明诚诸家著录，粗具撰人姓氏，而多未详碑碣所在。《续略》则依《郑志》图谱之例，以今有今无分载。取唐以前《郑志》所未录者为一卷，五代以下为二卷。分缀撰人姓氏，及建立之年，与现存之地，并详加考核。其散佚难稽者，另为一卷。大抵补唐以前者十之三，记有者十之五，记无者十之二，而前人著录之误，兼为辨证焉。（《续通志·凡例》）

是年，鲁仕骥有答先生书云：

> 比承手书，知自卫河别后，三年中所得山水读书之益，至富极宏。
>
> 《尔雅》一书，为六经阶梯，通于此者，其于诸经纵横左右，无不贯串。往为高邮任君领从序其《尔雅笺补》，曾谬论及此。足下今奋然撰《正义》，旁罗广搜，义期谛当，此书一出，其有功于学者匪浅，愿条理早成，仆得早读为快也。
>
> 《宋史》浩烦，谬误颇多，足下考异，其中亦稍有驳正否？
>
> 温公《通鉴》之成，当时能读者已不多觏，其书选择精详，法戒备具，锡名资治，良不虚也。明方山薛氏，采宋、元两朝事

迹为《续通鉴》，颇不惬于鄙衷，顾粗疏未敢轻置议论耳。足下因读《宋史》而欲续其书，殆亦有见于薛书之未当与？愿勉之慎之焉。（《山木居士文集·答邵二云书》）

如此书言，可知先生后日为毕沅覆审《续通鉴》，固先生之素志；而先生撰《尔雅正义》，自序谓始稿于乙未岁者，实始稿于是年也。

乾隆四十年乙未（一七七五）先生三十三岁

是年四月，授翰林院编修。

《清实录》：乾隆三十八年七月己未，谕内阁："前据办理《四库全书》总裁奏，请将进士邵晋涵、周永年、余集，举人戴震、杨昌霖调取来京，同司校勘，业经降旨允行；但念伊等尚无职任，自当予以登进之途，以示鼓励。着该总裁等留心试看年余，如果行走勤勉，实于办书有益，其进士出身者，准其与壬辰科庶吉士一体散馆，举人则准其与下科新进士一体殿试，候朕酌量降旨录用。"又四十年四月乙巳，内阁翰林院带领壬辰科散馆修撰编修庶吉士引见，得旨："此次散馆之编修俞大猷，业经授职。其清书庶吉士黄寿龄、平恕、李尧栋、茅元铭、许兆椿、周厚辕俱着授为编修，王坦修着授为检讨。汉书庶吉士余集、沈孙琏、朱绂、潘曾起、苏青鳌、裴谦、百龄、李镕、庄通敏、邹炳泰、邵晋涵、方炜、莫赡菉、朱攸、闵惇大、周永年，俱着授为编修，彭元琉、萧九成、图敏、王汝嘉、黎溢海、张家驹、王福清，俱着授为检讨。王兆泰、张国玺、陈科销，俱着以部属用。此次因办理《四库全书》，需员纂校，是以散馆人员较上次少，而留馆者转多，后不为例。"（按先生授编修，余原据《文钞》列在三十九年，承王重民先生钞示高宗上谕二通，谓在四十年四月，检《清实录》果然，因改列本年，并志此以致谢）

编校《旧五代史》成。

自欧阳修《五代史记》出，而薛居正《旧五代史》废，元、明以来，罕有援引其书者。传本亦渐就湮没，惟明内府有之，见《文渊阁书目》，故《永乐大典》多载其文。

按《南雷文定》附录吴任臣与梨洲先生书，有"拙著《十国春秋》，专俟薛居正《旧五代史》略为校雠，遂尔卒业，前已承允借，今因仇伧兄之便，希慨寄敝斋"等语，是梨洲先生亦曾有其书。惟先生身后一火，所收书失去大半，郑性理而出之，虽尚得三万卷，而是书已渺不可得矣。（见《鲒埼亭集外编·二老阁藏书记》）

然割裂淆乱，已非其旧。先生乃会粹编次，得十之八九；复采《册府元龟》、《太平御览》、《通鉴考异》、《五代会要》、《契丹国志》、《北梦琐言》诸书以补其缺。并参考新旧《唐书》、《东都事略》、《宋史》、《辽史》、《续通鉴长编》、《五代春秋》、《九国志》、《十国春秋》及宋人说部文集，与五代碑碣尚存者，以资辨证。卷帙悉符原书。书成，馆臣请仿刘昫《旧唐书》之例，列于二十三史，刊布学官，诏从之，并制七言八韵诗题其首。然先生辑此书时，原注有《大典》卷数，及采补书名卷数，俾读者于《薛史》面目仍可据以寻究，而武英殿刊本乃尽删之，岂先生之意哉！

按彭元瑞《知圣道斋读书跋》卷一《钞本旧五代史》谓"《永乐大典》散篇辑成之书，以此为最，以其注明《大典》卷数及采补书名卷数，具知存阙章句，不没其实也。《四库全书》本如此，后武英殿镌本遂尽删之。曾屡争之总裁，不见听。于是薛氏真面目，不可寻究，后人引用多致误矣"云云，则知当时已有反对删注者矣。

又按《神州日报》载近人汪德渊谓彼所得金承安四年南京路

转运司刊本薛氏《五代史》一百五十卷，较今《旧五代史》，不特篇第异同甚多，即文字亦十增三四，至《梁太祖纪》一篇，今《旧五代史》与《薛史》全然不同云云，则薛氏原书，固尚在人间也。又按德渊《货书记》，是书于民国四年三月货于粤估，不知此粤估又货于何人耳。

又先生《旧五代史考异》文，武英殿刊本未全录，今库本已有刊本，可按也。会稽徐氏铸学斋藏《旧五代史考异》述史楼蓝格钞本六卷，今不知尚在否？

马用锡跋："丁卯秋中，用锡自江右归，仲咫大令以是书属校，盖二云先生在四库馆日辑《薛史》而作。其中证向事故，谍正违合，有裴注《三国》之风，与校雠家言不同。大令方谋绣梓，惜迫于首涂，未遑条检，书此而归之。"

余曾于乡前辈处见《考异》稿本，签补甚多，细按之，乃先录殿本，而后以库本足之，其所签补，正皆库本所有者，知非先生手稿也。

先生母袁太夫人卒。年六十有八。（章学诚《邵室袁孺人墓志铭》）同乡公祭于邸舍。沈叔埏撰祭文。

《颐彩堂文集》卷十六《同乡公祭邵母袁太孺人文》中有云，"念吾党之得益友兮，古称行秘书者，庶几属之斯人"，先生真不愧此语也。

先生南归。

留所辑路振《九国志》稿于孔继涵处。此书散见于《永乐大典》中，虽卷帙残缺，而所存诸传，俱首尾完善，可补五代正史之遗。故先生编校《旧五代史》时，尝采用之。次年，继涵属周梦棠重为编

次，得列传一百三十六篇，釐为十二卷。（见《守山阁丛书·九国志》周梦棠序）

访洪亮吉于里第，不值。（见洪亮吉《送邵秘校晋涵入都补官》诗注）

乾隆四十一年丙申（一七七六）先生三十四岁

三月望日，为张廷枚撰《姚江诗存序》，中有云：

> 余考南宋诗人，若汐社、月泉吟社，见于人间，廑数篇尔。余从《永乐大典》裒其散见者，而后高耻堂、连百正诸君子方成专集。迺知古人文章，忠孝精神，固有历久不可湮灭者。要由其名氏纪乎记载，而后后之人始知措意而访求其书。非然者，即乡鄙且不复晓其姓氏，无论著述矣。

乾隆四十二年丁酉（一七七七）先生三十五岁

是年，先生修《杭州府志》。按《杭州府志·前志原委》卷一百七十八，谓《府志》创修于四十三年杭州府知府邵齐然，总修者为钱塘汪沆、会稽王增及先生；而先生序汪沆《槐塘遗集》云，“岁丁酉，杭州有修志之役，晋涵得随先生后，同事编纂，寒暑无间者，一年有余”（《文钞》卷四），则《府志》乃始事于四十二年也。

又先生家居时，甘泉令曾延修志书，先生以甘泉自雍正间始分，志书宜从此起，而未分县以前，皆入江都县，时有不合其议者，遂未果。（见李斗《扬州画舫录》卷十）

是年，戴震卒于官。年五十有五。

章学诚应顺天乡试中式。

乾隆四十三年戊戌（一七七八）先生三十六岁

正月三十日，钱大昕为绍兴守招游绍兴，道出杭州，访先生等，因留宿宗阳宫。次日同游吴山及七宝山三茅观。

《藕香零拾》本《竹汀日记》云："正月三十日，早入城，泊段河头，往拜彭学使芸楣、邵太守闇谷、邵编修二云与王编修方川，俱以修志寓宗阳宫，要余留宿，因移行李至宗阳宫，谈至夜分方寝。并晤汪进士辉祖。二月初一日，金拱辰来，与二云、方川同登吴山。陆孝廉筱饮闻余至，来候踪迹，遂同行至七宝山三茅观。"

先生与同游诸人俱有诗纪游。下山后，大昕即渡江东去。三月十二日，大昕自绍兴返，再至宗阳宫访先生，先生适不在寓。大昕又接人札，延主钟山书院讲席，遂离杭州。四月十九日，寄讯先生。二十二日，至苏州，得先生杭州书。（见同书）

余姚知县唐若瀛修《余姚县志》，聘先生为协纂。先生回里修县志。其《学校官田考》，即先生所作也。

光绪本《余姚县志》卷十，载先生是年八月望日所撰之《学校官田考》云："今年邑人请修志书，余不敏，承乏志事，因为钩稽学田，案之前明陈冢宰碑记，及今现存档册，实有学田学租名色，凿凿可据者，悉登载志书，以杜欺隐，而昭核实。"

是年秋，先生入都补官。

过杭州别汪沆，沆送以诗云：

结交不厌晚，所贵在知心。君不弃穷老，渡江劳相寻。坐无寒暄语，纵论彻古今，依依不肯去，树阴移堂襟。宛如平生欢，异苔本同岑。

古杭称首郡，图经旷失修，文献日就湮，邦人抱私忧。召父今太守，续纂急为谋，辟局集群彦，琳官敞且幽。（谓宗阳官）裁成两史材（其一即指王增），椽笔班马俦，八十七年事，洪纤勤讨求，补遗订误舛，腕脱不厌休，惭予蹇劣质，驽马附骅骝。君今还朝去，高步白玉堂，恭闻崇儒代，天府罗文昌，宏开四库馆，万轴富琳琅，群集兼秘册，大吏进四方，存汰慎所择，庶副延阁藏。

故人有陆二（飞），遗荣狎钓舷，幽栖翟教授（灏），家食忘其贫，二子我石交，语默见天真，今获托末契，南村得三人。忽来告我别，孤怀郁不伸，近别长相忆，远别伤我神。男儿结主知，乘时合致身，望云牵乡思，禄养足慰亲，勋名期早树，来结渔樵邻。（《槐塘诗稿》卷十五《送邵二云编修入都》）

至苏州，遇罗有高，有高出周永年贻汪辉祖书，轴长尺有奇，厚几三寸，授先生转寄。（见汪辉祖《书〈金楼子〉后》）

时王昶总纂重修《一统志》，先生及孔广森等常以谈艺过从焉。（见吴岩荣《述庵先生年谱》）

是年，章学诚成进士。

张羲年报罢，用特奏名，得一体殿试，俄羲年疾作，不获与试而卒。（见章学诚《赠征仕郎国子监助教张公墓志铭》）年四十有二。著有诗文集十六卷，及《周官随笔》、《丧礼详考》等书。其稿皆存先生家。先生拟为刊刻，未果；至光绪十九年，始由其曾孙锡恩勉力付印，然《丧礼》、《周官》原稿，已残缺不全矣。（据《啖蔗集跋》）

羲年于四库馆行走八年，校勘书籍，不下数百种，大约史集两门序录签档，多出其手。（见《啖蔗集》章学诚附志）

乾隆四十四年己亥（一七七九）先生三十七岁

是年仲冬，朱文藻客京师，从先生得见四库馆裒集《永乐大典》

中所载张镃诗词，编定为《南湖集》十卷，因传钞副本携归。（见朱文藻《书〈南湖集〉后》）

乾隆四十五年庚子（一七八〇）先生三十八岁

是年，先生充恩科广西乡试正考官。检讨钱澧为之副。中式者四十五人。先生言：

凡夫恢张以袭声华者，朴塞而无实得者，摈勿录。舍短取长，求其留心经训，与不悖先民矩镬者，慎而录之。虽所造深浅不同，因文征行，望其为读书敦本之士，于设科取士之意，庶几无负。（《广西乡试录序》）

黄崇兰《国朝贡举考略》，庚子科广西乡试：试题，敢问其次至乡党称弟焉，文武之政二句，孙叔敖举二句，南中荣橘柚得时字；解元梁世喆。

后钱澧有诗寄怀先生云：

地经三宿（时宿遂平）岂忘情，伏枕窗鸡正乱鸣。候杂秋冬霜未苦，境交申许路仍平。酬恩万一知何日，失学空疏已半生。可得频呼将伯助，风流如在桂林城。（《钱南园遗集》卷二）

是年，鲍廷博刻吴仁杰《两汉刊误补遗》成，复校刻先生所藏宋本《离骚草木疏》。

乾隆四十六年辛丑（一七八一）先生三十九岁

是年六月戊戌，朱筠卒于京师。年五十有三。（章学诚《朱先生墓志》）

乾隆四十七年壬寅（一七八二）先生四十岁

是年，编纂《四库全书》告成。

乾隆四十八年癸卯（一七八三）先生四十一岁

春，章学诚卧病京师，先生载学诚至其家，延医治之。病中常与先生论学，每至夜分。因与先生论《宋史》之芜滥，先生慨然以重修自任。学诚俟谓先生书成后，当别作一书，略如后汉、晋史之各自为家，听决择于后人。先生询学诚方略：谓学诚当取名数事实，先作比类长编，卷帙盈千可也。至撰集为书，不过五十万言，视始之百倍其书者，大义当更显也。先生曰："如君所约，则吾不能；然亦不过参倍于君，不至骛博而失专家之体也。"学诚因请先生立言宗旨。先生曰：

> 宋人门户之习，语录庸陋之风，诚可鄙也。然其立身制行，出于伦常日用，何可废耶！士大夫博学工文，雄出当世，而于辞受取予出处进退之间，不能无箪豆万钟之择，本心既失，其他又何议焉！此著《宋史》之宗旨也。（见《邵与桐别传》）

先生以《宋史》自南渡以后，尤为荒谬，东都有王偁《事略》故也。（说见《宋史提要》）因取熊克、李焘、李心传、陈均、刘时举所撰之书，及宋人笔记，先辑《南都事略》，欲使前后条贯粗具，然后出其心裁，更撰赵宋一代全书。其标题则称《宋志》而不称《宋史》，亦见先生有微意焉。（《邵与桐别传》章贻选按语）

此二书，章贻选皆谓未卒业。按李详《窳记》称"《南都事略》，王益吾言马端敏督两江日，有人持此稿以献，将付局刊行，会端敏遽卒，未果，稿亦不知为何人所得，今闻藏洪琴西后人所"。李慈铭《越缦堂日记》称"邵二云《南都事略》（《日记》都作渡，又作宋），戊辰（同治七年）以前，已在江宁书局，曾文正将刻之，以移督直隶而止”。是先生《南都事略》虽未刊行，稿固尚存。又据谭献《复堂日记》云：

> 海宁唐端甫，钱警石先生之弟子也。熟精目录，刻志校雠，为余言邵二云《南都事略》，曾见活字印本，有阙卷耳。似人间必有传本，志之以俟。

则其稿又似刊行矣。

又此书，钱大昕谓篇目悉依王氏之例，词简事增，过正史远甚。（见钱大昕《邵君墓志铭》及《十驾斋养新余录》）意大昕必见其书。其《儒学》、《文艺》、《隐逸》三传目录，即大昕所拟定。先生卒后，大昕索其稿不能得，因载三传目录于《养新余录》，致其痛惜。兹转录于此，以见先生此书之一斑。

《儒学》一

杨　时	尹　惇	胡安国 寅 宏 宁	朱　震
范　冲	罗从彦	李　侗	朱　熹
黄　榦	李　燔	张　洽	陈　淳
李方子	黄　颢	蔡元定 沈	张　栻
吕祖谦	真德秀	魏了翁	

《儒学》二

邵伯温	喻　樗	洪兴祖	高　闶
林之奇	林光朝	杨万里	陆九龄 九韶　九渊
陈溥良	薛季宣	叶　适	戴　溪
杨　简	袁燮甫	李舜臣 道传　心传　性传	
蔡幼学	杨泰之	程　迥	刘清之
廖德明	汤　汉	何　基	王　柏
叶味道	王应麟	黄　震	

《文艺》

汪　藻	陈与义	叶梦得	程　俱
曾　几	张　嵲	韩　驹	朱敦儒
徐　俯	葛胜仲	熊　克	陆　游
范成大	郑　樵	尤　袤	陈　亮
徐梦莘	刘克庄	张即之	

《隐逸》

徐庭筠	苏云卿	谯　定	王忠民
刘勉之	胡　宪	郭　雍	刘　愚
魏掞之	安世通		

九月，先生父藉安先生卒。年七十有二。（卢文弨《邵君墓志铭》）

先生南归。

按洪亮吉送先生《入都补官》诗注云："丙申夏，君奉讳南归，访余于里门不值。是年冬，余亦遭太孺人忧。及甲辰春，入都访君，又于三日前奉太公讳南下，不及见矣。"较章、卢二氏所载，各迟一年。

乾隆四十九年甲辰（一七八四）先生四十二岁

洪亮吉著《汉魏音》四卷成。其书钩贯群籍，刺取汉魏古音，如读若音近者，多至数千百条，以《说文》旧部，类聚区分。其止于魏者，以反语之作，始于孙炎，而古音之亡，亦由于是，故以此为断焉。先生序之云：

声音宣而文字著焉。字日滋而声亦渐转，得其声始，则屡转而不离其宗。由是审音以定义，昭于制字之原，则互训反训，辗转相训，亦屡变而不失其旨。去古日远，袭舛承讹，私智凿空，诂训茫昧，班孟坚云，古文读应《尔雅》，曾谓鄙别之音，读三代古文，而能通其义，识其指归哉！

古音至汉而一变：郑康成注《诗》、《礼》，多述古文古音，言古者正以见当时之异读。推之于孟喜、京房《易》章句，齐、鲁、韩三家《诗》传，《春秋》三传，后先著竹帛，文字异同，皆音之递转。不仅如刘熹、韦昭所释，辨车声之如居近舍，为从汉以来之声转也。

汉人治经有师法，长言短句，开唇合唇，音相转而不为一定，要不离乎声始，故义相贯通。至孙叔然制反语，则音有所拘，驯至义有所窒。薛综注张平子赋，已有反语，则知叔然之说，在当时已属盛行，不复推求古训。沿至六朝，遂分四声之韵，迭相祖述。韵书日益日歧而古音微矣。

阳湖洪君稚存，服习故训，精核六书之学，裒集遗经旧注，釐以《说文》部分，撰《汉魏音》四卷。其言曰："求汉魏人之训诂，而不先求其声音，是谓舍本事末。此书之作，欲为守汉魏诸儒训诂之学者设也。"余尝病夫后儒说经昧于古音，而使古人之训诂不明，读洪君撰集之书，略为申绎其义焉：

隹部引《文选注》云，雉夷声相近，服虔之说也。考《左传正义》引服虔、樊光曰，雉，夷也，是声相近者即其义。证以康成《仪礼注》，夷之言尸也，《礼记》，尸，陈也，明乎雉夷尸之声相转，则可晓然于《尔雅》"雉陈也"之训矣。

又《尔雅》，翦，勤也，郭注未详。陆农师新义以"剂翦之勤"为说，近人又引《诗》"实始翦商"以释之，皆强事皮傅，非其正义。足部引康成《书序注》云，践读为翦，证以《礼记·玉藻》弗身践也，郑注亦云践当为翦，是翦践古字相通。《左传》践修旧好，正指勤修其礼而言。非古音未由通《雅》训矣。

《说文》谐声之字，徐楚金媮近从俗，疑为非声，徐鼎臣校定《说文》，辄删声字。即如卷端元字，从一兀声，今本作从一从兀，盖疑元之不可以就兀得声也。此书引高诱《淮南注》曰，元读常山人谓伯为穴之穴，则《说文》作兀声，确有依据，俗儒之大惑不解者，亦当憬然而悟。其他互相证明，未易更仆而数也。

韩子曰："沈潜乎训诂，反覆乎句读。"训诂者，文字之本，音声者，训诂之原。学者由汉魏之音，求声始以穷其转，斯能知三百篇之比音协句，本于自然。后世袭舛承讹，亦有所由致。匡后世之舛讹，通古人之训诂，则六艺九家之传，皆文从字顺，而无诎屈之言。成学治古文，其亦有取乎此也。

读此序，可略见先生对于古音学之研究。自顾炎武著《音学五书》后，诸经师多知重视此学，往往以考证古音之故，而得卓绝之创获。先生虽无音学专书，然其著《尔雅正义》，谓古音渐失，则古义渐湮，因取声近之字，旁推交通，申明其说，以存古音。其云声近之字，义存乎声，正与此序声相近者即其义之意同。《尔雅》缘音训义者本少，先生能应用此法以治《尔雅》，则固非深有得于此学者不能矣。

是年，续修《杭州志》，先生复司其事。《杭州志》自乾隆四十二年（据《槐塘遗集序》），由知府邵齐然聘先生等编纂，稿本略具。时巡抚王亶望以贪黩著，知府王燧觊觎杭守，夤缘亶望，乃黜齐然而任王燧。聘钱献之、王文治校定。四十四年十二月付梓。冒为己辑，并不述邵之始事，及助纂诸人姓名。又不尽从王、钱二氏校定之本。至是知府郑沄乃复以邵稿续请先生修正。先生依据原本，详加考核，增所未备。十一月付梓。篇帙既富，体例尤精，世称善本。而王刻板片，往往羼入其中。然郑志出而王志废，印本亦仅有存者矣。（《杭州府志·前志原委》）

是时汪沆年逾八十，病目不能作书，常招先生燕坐，商榷今古，至日哺犹不听去。（《槐塘遗集序》）

以张廷枚所刻《㭨栳山人诗集》贻卢文弨。

《抱经堂文集》卷十二《题钞本〈栲栳山人诗集〉后》云："此本予钞之邵二云氏。乾隆甲辰，二云复贻余以罗山张氏所刻本，因取以校此本，补正十余字。"

都中重修浙绍乡祠。先生作记云：

> 绍兴居浙江上游，重岩巨泽所郁积，气厚而质重。秀出之民，挟材艺以走四方者，所在多有。自其少时习见孝弟礼让之风，而父老之教训其子弟，亦必以惇睦为首务。濡染既久，习与性成。即或久羁异地，或数世不克归，及其闻乡语，见乡人，辄睾然兴水源木本之思，握手款洽，蔼然其相亲。故当世称乡党之谊，惟绍兴为最笃。凡夫省会之地，水陆交汇之区，多有所谓绍兴会馆者，而都城之乡祠，其首及也。

此确为绍兴人之特性，且可见绍兴会馆之设，在先生时已极盛矣。绍兴人以擅律称，州县礼聘幕宾，必首及绍兴师爷，先生所谓挟材艺以走四方者，殆即指此等人也。

乾隆五十年乙巳（一七八五）先生四十三岁

著《尔雅正义》二十卷成。

先生于经深三传及《尔雅》。朱筠谓先生曰：

> 经训之义荒久矣。《雅》疏尤芜陋不治。以君之奥博，宜与郭景纯氏先后发明，庶几嘉惠后学。（《邵与桐别传》）

先生由是殚思十年，著为此书。一字未定，必反覆讲求，不归于至当不止。（《邵学士家传》）舟车南北，恒用自随，意有省会，便加点窜。（《正义》自序）稿凡三四易始定。先生自谓此书苦心，不难博证，而难于别择之中，能割所爱。（《邵与桐别传》章贻选按语）因于序中详述其体例及要点云：

晋涵少蒙义方，获受《雅》训。长涉诸经，益知《尔雅》为五经之錧辖。而世所传本，文字异同，不免讹舛。郭注亦多脱落。俗说流行，古义寖晦。爰据唐石经暨宋椠本，及诸书所征引者，审定经文，增校郭注，仿唐人正义，绎其义蕴，彰其隐赜。

窃以释经之体，事必择善而从，义非一端可尽。汉人治《尔雅》，若舍人、刘歆、樊光、李巡、孙炎之注，遗文佚句，散见群籍。梁有沈旋集注，陈有顾野王音义，唐有裴瑜注，征引所及，仅存数语。或与郭注符合，或与郭义乖违。同者宜得其会通，异者可博其旨趣。今以郭氏为主，无妨兼采诸家，分疏于下，用俟辩章。譬川流而汇其支渎，非木落而离其本根也。

郭注体崇矜慎，义有幽隐，或云未详。今考齐、鲁、韩《诗》，马融、郑康成之《易》注、《书》注，以及诸经旧说，会粹群书，尚存梗概，取证《雅》训，辞意了然。其迹涉疑似，仍阙而不论，确有据者，补所未备。附尺牍于崇邱，勉千虑之一得，所以存古义也。

郭氏多引《诗》文为证，陋儒不察，遂谓《尔雅》专用释《诗》。今据《易》、《书》、《周官》、《仪礼》、《春秋》三传、大小《戴记》，与夫周秦诸子，汉人撰著之书，遐稽约取，用与郭注相证明。俾知训词近正，原于制字之初，成于明备之世，久而不坠，远有端绪，六义之文，曾无隔阂，所以广古训也。

声音递转，文字日孳，声近之字，义存乎声。自隶体变更，韵书割裂，古音渐失，因致古义渐湮。今取声近之字，旁推交通，申明其说，因是以阐扬古训，辨识古文，远可依类以推，近可举隅而反，所以存古音也。

草木虫鱼鸟兽之名，古今异称，后人辑为专书，语多皮傅。今就灼知副实者，详其形状之殊，辨其沿袭之误。其未得实验者，择从旧说，以近古为征，不敢为亿必之说，犹郭氏志也。

试举例以证之：

如《释地》第九九府，南方之美者，有梁山之犀象焉。

郭注：

犀牛皮角象牙骨。

先生《正义》云：

职方荆州，其山镇曰衡山，其利丹银齿革。

《尔雅》作梁山者，《淮南·主术训》，桥直植立而不动，高诱注，桥，桔槔上衡也。《太平御览》引《符子》云，合衡官桥而量之，折十桥。衡谓之桥，桥亦谓之梁，是衡与梁义相通也。

衡与横通，强梁语转作强横，是衡与梁声相近也。

郑康成《周礼》注云，衡山在湘南，高诱《淮南》注云，梁山在会稽、长沙、湘南，会稽二字，承上文而衍，云在长沙、湘南，是梁山即衡山之明证矣。（下疏郭注不录）

又如《释山》第十一，霍山为南岳。

郭注：

在衡阳湘南县南。今在庐江灊县西。即天柱山灊水所出也。汉武帝以衡山辽旷，因谶纬皆以霍山为南岳，故移其神于此。今其土俗人皆呼之为南岳。本自以两山得名，非从近也。

而学者多以霍山不得为南岳。又言从汉武帝始乃名之。如此言，为汉武在《尔雅》前乎！斯不然矣。

先生《正义》云：

郭云在衡阳湘南县者，

《汉书·地理志》，长沙国湘南县。《禹贡》，衡山在东南荆州山。《晋书·地理志》，衡阳郡湘南县。县名仍汉旧，衡阳郡为长沙郡所分置也。衡山在县南，古今所谓南岳也。今衡山在衡州府衡山县西。

郭云今在庐江灊县西者，

《汉书·地理志》，庐江郡灊县，天柱山在南有祠。晋仍汉制。今灊山在安庆府灊山县西北。

郭云即天柱山灊水所出者，

《广雅》云，霍山谓之天往，今谓之皖公山，皖水出焉，别流曰灊水，合流入于江。

郭云汉武帝移其神于此者，

《史记·封禅书》云，上巡南郡至江陵，而东登礼灊之天柱山，号曰南岳。太史公意以天柱山本非南岳，武帝强号曰南岳尔。《太平御览》引徐灵期《南岳记》云，衡山者，五岳之南岳也。其来尚矣。至于轩辕，乃以灊霍之山为副焉。故《尔雅》曰霍山为南岳，盖因其副焉。至汉武南巡，又以衡山辽远，道隔江汉，于是乃徙南岳之祭于庐江灊山，亦承轩辕副义也。按轩辕以灊霍为副，于古籍无征。此海上怪迂之士，妄引黄帝，不足为信。汉武所据谶纬，大率类此矣。

郭云南岳本自以两山为名，非从近者，

郭意以衡、霍为一山也。

《尚书大传》有中祀霍山及奠南方霍山之文，《大传》为后人裒集，不尽可据。应劭谓衡一名霍，傅会汉制，实则衡之与霍，自为两山。《通典》引《三礼义宗》云，唐虞以衡山为南岳，周氏以霍山为南岳，此见《尔雅》前后异文，求其故而不得，强为之词。然未尝不以衡山、霍山为二山也。

《水经》释《禹贡》山水泽地云，霍山为南岳，在庐江灊县西南，衡山在长沙湘南县南，是亦以霍山、衡山为二山也。

以《尔雅》前后核之，《释地》所云梁山，即为衡山，此由于声之转也。《释山》上云，江南衡，下云霍山为南岳，即使衡山别名霍山，不得一篇之中，互举其名。

况夫霍之为义，由于大山宫小山也。今天柱山中峰小，而四围有大山以宫绕之。衡州之衡山，则中峰独高，而前后左右诸山，皆在其下。揆诸《雅》训，则天柱可名之曰霍，衡山不得名之曰霍。此可以目验而知也。

然则《尔雅》此文，何以云霍山为南岳？盖汉武以后诸儒所窜易也。

汉初儒者，增益五岳之名于《释山》篇末，与《封禅书》同。武帝以后，复改衡为霍，以附合时制。郭氏不悟其为窜别，遂迁就而为之词曰，学者以霍山为岳始于汉武，将汉武在《尔雅》前乎！夫《尔雅》固在汉武以前，但郭氏所据之本，果即汉武以前相传之《尔雅》乎！斯不得过信今本，转疑古训也。

合经传而总核之：冀州之霍山与泰、衡、华、恒，唐虞之五岳也。华、岳、泰、恒、衡，周之五岳也。泰、衡、华、恒、嵩高，汉初相传之五岳也。泰、华、霍、恒、嵩高，武帝所定之五岳也。知汉以前五岳无定名，则不惑于群说之胶膈矣。

或谓世所传本，定为汉儒增易，得毋勇于疑经乎？斯又不然：《礼记》或素或青，杂以秦语；《左传》其处者为刘氏，明为汉儒窜入：则知汉儒增益经文，正不必为之掩护。信古善述者，断不以一端之失而疑及全经尔。

读此二条，一定梁山为即今衡山，一定霍山为南岳，为汉儒所窜易，援引博而断制明，知先生治经，在实事求是，不胶执，不盲从，故能会通古义古音，撷取诸说菁华，而自抒新解。洪亮吉极叹先生梁山即衡山之说为绝识。惟于《尔雅·释地》“汉南曰荆州”条下，先生《正义》谓殷时荆州以汉水为界，自大别以东，江南之地属于扬州，大别以西，汉东之地属于豫州；亮吉则据郑康成、班固、京相璠诸说，确定大别山在庐江安丰县西南。痛斥李吉甫《元和郡县志》之附会，谓吉甫之附会，成于杜预之致疑，因取左氏定公四年，吴师伐郢，楚子常济汉而陈，自小别至于大别一段传文中之地名，一一考核，成《释大别山》一篇寄先生，凡十四证，长数千言。又以先生汉水以南皆属荆州之说，亦似误以西汉水为汉水，别陈《汉水释》一篇。其与先生辩《尔雅》斥山一书，援引亦博。（皆见《卷施阁甲集》卷七）惜不见先生复书，无从对核。

然亮吉实甚推服先生此书，故有赠先生诗云：

> 君疏《尔雅》篇，订正五大儒，使我心上疑，一日顿扫除。君师钱少詹，精识世所无，吴门及钱塘，复有王（鸣盛）与卢（文弨），皆言此书传，远胜唐义疏。（《卷施阁诗》卷八）

孙星衍亦谓此书：

> 经经自相勘，所失无毫厘，征信汉魏儒，阙疑不自欺。（《中州送邵晋涵入都诗》）

“经经自相勘”一语，最能道出先生治此书要诀。

又焦循《尔雅正义》赞云：

> 《尔雅》邢疏，实多阙略，邵君铿铿，毅然而作。考其讹舛，补其脱落，审定伊平，取材兹博。
>
> 刘、李、孙、樊，遗文悉获，桑扈窃脂，确指其错，列以七

证，砎然如石。（《雕菰集》卷六）

此循《读书三十二赞》之一，皆清代著述中为循所心向往之者，则非虚誉可知。

是时汪中亦以《诗》、《书》、《左氏正义》、《说文》、《释文》、《广韵》、《史记》、《后汉书》、《宋书》、《隋书》、《山海经》、《齐民要术》、李善《文选》注，考校郭注异同，多于先生者四十六事。欲刊行而先生书已出，因藏其稿于家。又王念孙从戴震受声音文字训诂，通《尔雅》、《说文》，皆有撰述矣；嗣见先生为《尔雅》疏，段玉裁为《说文》注，遂不复为。惟郝懿行继先生后，著《尔雅义疏》二十卷，近人多谓出先生所著上。盖郝氏尝曰：

《尔雅》邵氏《正义》，搜辑较广，然声音训诂之原，尚多壅阂，故鲜发明。今余作《义疏》，于字借声转处，词繁不杀，殆欲明其所以。

又曰：

余田居多载，遇草木虫鱼有弗知者，必询其名，详察其形，考之古书以征其然否。今兹疏中，其异于旧说者，皆经目验，非凭胸臆。此余书所以别乎邵氏也。（见胡培翚《研六室文钞》卷十《郝兰皋先生墓表》）

然如其言，则郝书于体例既无新发明，而其搜辑时注意之要点，与先生序中所述，亦无不同。稍有异说，何妨附见，别撰一书，斯为赘矣。李慈铭曰：

《尔雅·释山》，首曰河南华、河西岳、河东岱、河北恒、江南衡，末又云泰山为东岳、华山为西岳、霍山为南岳、恒山为北岳、嵩高为中岳。郑君注《周礼》，于大司乐用前说，于大宗伯用后说，固疑未能定而两存之。

邵氏《正义》主前说，以后说为汉世之儒所附益，谓以霍当衡，多言始于汉武，而嵩高之为中岳，亦始于汉初。郝氏《义疏》驳之，以为《尔雅》前标五山，后列五岳，其河南华云云，未尝系以岳称。

按《尧典》言四岳，《周礼·职方》言九镇，而《大司乐》则曰四镇五岳，明九州九山，其五相承称岳，其四无岳名则称镇，与《职方》山镇九之称，互文见义，何得又别称五山！古今经典未有此说，此郝氏之臆决，不如邵说为长。（见《桃花圣解盦日记己集》。按陈立疏《白虎通》五岳，亦以先生所言为得其实，见《白虎通疏证》六）

然则郝书盖尝欲强翻先生之案，而实不能胜之者也。

按林昌彝有《尔雅邵郝说折衷》一书，未见。

又按先生同时有周春者，尝著《十三经音略》一书，书后附录与人书五通，其一通即与先生者，设十不解以指摘先生此书。春于音学自负甚高，其与卢文弨书，历诋顾炎武、阎若璩、戴震诸人，不遗余力，可谓太不自量。卢书中并讥及先生云："近又见注《尔雅》者，略及双声，窒一漏万，兼多差谬。"盖即与先生书中之大意。今不录。

又按江藩著《尔雅小笺》三卷，对先生此书亦略致不满云："《尔雅》自郭注行而旧注尽废，景纯乃文章家，于小学涉猎而已。邢疏肤浅，固不足论；而邵疏又袭唐人义疏之弊，曲护注文，至于形声，则略而不言，亦未为尽善也。"（《尔雅小笺·序目》）

乾隆五十一年丙午（一七八六）先生四十四岁

二月，洪亮吉自里中偕钱维乔等买舟至浙江省从舅。间日游龙井、天竺、灵隐、净慈诸名胜，与先生及杨梦符、蒋承曾、崔景偁等吟咏常至彻夜。（《洪北江年谱》）

是年夏，先生入都补官，亮吉时在开封，以诗送之云：

君行不得行，一尺大梁雨，流潦冲夷门，街泥积如许。大梁雨足欣有秋，君虽不行我夷犹，廿年三度与君别，被酒历历追前游。逢君乃研经，逢君乃注史。当时苦说两少年，只惜黄郎已前死。（谓黄景仁）骑龙弄凤戏里间，斩蛟射虎节不拘，性情至此忽一束，细校科斗笺虫鱼。读书识字居然异，长句犹能矫奇气，大龙山下别君时，千六百言君倘记。壬辰三月上巳筵，江水一楼诗一篇。我歌白袷方咏月，君著宫锦行朝天。长安米贵居偏易，蓬观为君著书地，宣南坊外三斗尘，一客入门惊故人。故人久别仪容野，日倚陈编与倾泻，已看贵纸写南都，尚少筑台名《尔雅》。十年哀乐事亦同，往往相左红尘中，梁园握手亦意外，浊浪饱吸餐炎风。河流拍枕朝难醒，官烛烧残夜忘永，蠹鱼窥客客不知，双鬓都垂二毛影。盘盘万卷纵堆窗，只觉逢君气早降，礼堂若写群经定，君署南江我北江（《卷施阁诗》卷八）

亮吉以三月赴开封节署（《洪北江年谱》），据此诗，似先生是年亦曾客开封。

八月，汪辉祖签掣湖南永州府宁远县知县。先生赠序云：

法家以辅礼制律者法也。审察于礼与法之相贯通，而后能明律，而后能养人。余读《唐律疏义》，其傅义予比，实依于仁慈，而参合必以《唐六典》为依据，何其明于礼意也。明律改用重典，峻文苛法，欲以齐民，恶睹所谓礼以养人者乎！

后之治律者，能铨度于世轻世重以剂于平，仁者之用心也。刻者为之，则伤恩而薄厚，昧者则坐视人之生死疾痛而不自省。州县之长，盛服坐堂皇，吏抱文书伍伯左右立，哆口叱诃，问以律，则懵然莫能知，憪然以为不足知。其援律以定谳者，则为幕宾，引成案以上下其手者，则为吏胥，居其间颐指而气使者，则为奴仆。甚至奴仆吏胥与幕宾连合为一心，钲文破律，戕虐民生，流弊靡究。呜呼，是曷能望其知律意以养人乎哉！

吾友汪君焕曾娴习经训，以家贫谋养，治法家言，议论依于仁慈。佐州县治，引《三礼》以断疑狱，远近称平允。性廉介，严取予，异乎俗所云幕宾者。今以进士谒铨得湖南之宁远县。夫以焕曾之明律而通于礼，本之以仁，持之以廉，吾见焕曾之道之行，而豫为宁远之人贺也。

虽然，焕曾佐治有年矣，于律文，信能通其意而剂于平矣，自恃其能，以事上官必傲，以待同列必骄，其御下也必愎，傲也骄也愎也，吾未见其道之得行也。《书》曰，钦哉钦哉！惟刑之谧哉！钦以言乎敬也，谧以言乎静也。能敬以静，则不敢自恃，而可免于傲与骄与愎，养民之道，庶有几乎！

余与焕曾交，屡以文字相切磋，兹行也，同学之士，多为歌诗以送之，余檃括为序以赠其行。何以处我，焕曾独无意哉！（《文钞》卷四）

此序写州县情弊如画，先生曾云：

今之吏治，三种人为之，官拥虚名而已。三种人者，幕宾书吏长随也。（汪辉祖《学治臆说》）

此序即阐发此意。

先生送辉祖彰义门外，辉祖曰：“此行幸邀封典，即作归计，未必

再入此门。脱不幸，铭幽之文，责在吾子。”泫然分手。（《梦痕录余》）

辉祖既至县，鄙塞之俗，翕然丕变，政声大播。（见阮元《揅经室二集·循吏汪辉祖传》）未及四年，以告病获譻。辉祖友人为辉祖惋惜，先生曰：“诸君弗尔，龙庄当泰然也。”因诵辉祖留别诗：“最好官箴双节录，无多宦味五年心。”叹为素志不欺。（见《梦痕录余》）其后辉祖有答儿子继坊书云：

> 古来端人杰士，无不从困顿中磨炼出来。无暇远引，即吾契好如邵二云学士、孙迟舟太史、沈青斋观察，皆备历艰难而后成学问。得有遇合，立身树品，处处站得稳处。（见同书）

可证其相知之深。

十一月，阮元入都，谒先生，时有请问。（见阮元《南江邵氏遗书序》及张鉴《雪塘庵主弟子记》卷一）是年为周广业《意林注》撰序云：

> 近时嗜古者表彰子书，悉心校勘，其意诚善。然或过有偏主，务伸其说，几几乎欲引诸子与六经相诘难，斯非好奇之过欤！
>
> 夫子书有蔽短，正更不必为之掩讳，舍短取长，掇其精要，迺可羽翼乎六经。然则马氏之为是书，庶几其善读诸子者，而周君之扶微阐隐，又岂特为马氏之功臣而已哉！（《文钞》卷四）

是序所言，即班固“合其要归，亦六经之支与流裔”之意。南宋以还，子学不绝如线，至是始有董理之者。顾亦仅视为经学附庸，以余力从事校勘，未暇为学说上之研究。其表彰子书，如先生所谓几几乎欲引诸子与六经相诘难者，正未易多觏。然诸子头角，由是稍露矣。

乾隆五十二年丁未（一七八七）先生四十五岁

教习庶吉士。(《邵与桐别传》章贻选注)

是年冬，招辛卯同年为销寒之会。先生言：

> 同年销寒之会，始于程鱼门，是为癸巳之冬。戊戌入都，则集于王方川所。丙午秋复入都，则王瑶峰仍举前会。(《文钞》卷四《销寒叠韵诗序》)

至是则由先生举之，盖已第四次矣。

是年，钱大昕撰次古今文人生卒年寿可考者，始郑玄讫戴震，凡四卷。取左氏有与疑年使之年语，名之曰《疑年录》。后又续录蒋士铨至先生六人。大抵取古今文人之有功经史者始录之，所以志景行也。(见《竹汀居士年谱》及其曾孙庆曾按语)

先生中表翁元圻，始从事注《困学纪闻》。

> 自序，丁未之冬，拣发云南，从此移黔移楚，未尝不携此书自随，偶有所得，即细书于简端。

辑阎若璩、何焯、全祖望诸家之说，而益以己所心得者，为文凡八十五万言。

> 凡厚斋所引之书与其人，靡不触类引伸，核其本文，详其贯履。于书之已佚，姓氏之就湮者，则博采坠简零篇，力索冥搜，期于必获，于诸说之不全不备，踳驳抵牾者，则下己意补之正之。(胡敬《翁注困学纪闻序》)

其用力至勤且久，乃最有功于王书者。钱泰吉谓得此一书，则诸家之精蕴皆备（《曝书杂记》卷中），非虚言也。然元圻自谓注此书之动机，实由先生发之。其自序云：

> 元圻幼嗜此书，通籍后，备官礼曹，尝质疑于中表邵二云先生。先生教之曰："阎、何、全之评注，略举大意，引而不发，子盍详注之，使览者不必细阅四库书，而瞭然于胸中乎？"余对曰："此非尽读厚斋所读之书者不能也。以元圻之浅陋，曷足以任此！"先生曰："子姑详其所可详；其未详者，安知不有好学者更详之乎！"

惜其书迟至道光五年始脱稿付刻，先生已不及见，故自序又云：

> 惜二云先生墓木已拱，不及删其繁而补其缺，以至于无遗憾也。

同里黄稚圭先生（璋）刻《大俞山房诗稿》十卷成。稚圭先生笃志经学，曾补辑《宋元学案》，于先生为尊辈。诗稿中附有先生便札三通，因节录其涉及彼此著述者：

> 奉到大集，雒诵再四，掉臂清新，而不涉江西宗派，要非洗伐功深者，无从道其只字也。（第一札）
>
> 晋涵近刻《尔雅正义》，略仿唐人体裁，而学术不逮古人远甚，刻成覆核，自愧疏漏。今寄呈一部，伏祈大加诲削，俾不至终身不闻大道，幸甚幸甚！《孟子正义》粗具稿本，尚须删改，道远未由就正，时用怅然耳。（第二札）
>
> 《宋元学案》，贯澈古今学术源流，不仅备两朝掌故，双韭续纂未竟，今乃得观厥成，异时流布通都，洵四方学人之幸也。（第三札）

章学诚岁暮至河南见毕沅。（《丁巳岁暮书怀》诗注）即任编辑

《史籍考》事。其书包经而兼采子集，尝与先生商订体例，且令先生弟子章宗源别辑《逸史》一书，以辅《史考》，如《经解钩沉》与《经义考》之同功异用也。

> 《章氏遗书》卷四《与邵二云书》云："自到河南，三度致书，想俱邀鉴矣。所商《史籍考》事，亦有所以教正之耶？"又书云："逢之寄来《逸史》，甚得所用，至云摭逸之多，有百余纸不止者，难以附入《史考》，但须载其考证，此说亦有理。然弟意以为搜罗逸史，为功亦自不小，书既成，当与余仲林《经解钩沉》可以对峙，理宜别为一书，另刻以附《史考》之后。《史考》以敌朱氏《经考》，《逸史》以敌余氏《钩沉》，亦一时天生瑜亮，洵称艺林之盛事也。"又《报孙渊如书》云："承询《史籍考》事，取多用宏，包经而兼采子集，不特如所问地理之类已也。前有条例与邵二云，求其相助。如足下从事校雠，其于古今载籍，耳目所及，幸有以指示之也。至义例所定有应采者，邵君处已有大凡，可就询之。"

宗源字逢之，会稽人。以宛平籍中式乾隆丙午科举人。为清代有数之辑佚家。所辑甚夥。今所传有《隋书经籍志考证》十三卷，凡隋以前乙部诸佚书，采摭略尽，盖即与学诚《史籍考》最有关系之书。（余书不传，传者亦经孙星衍、严可均、洪颐煊等之补订，非复章辑之旧）先生于辑佚既多致力，宗源则承先生之教，而毕生从事于此等工作者。阮元《茆辑十种古逸书序》称"昔元二十岁外，入京谒邵二云先生。先生门徒甚多，各授以业。有会稽章孝廉逢源（源当作之）者，元见先生教以辑古书，开目令辑，至今犹记其目中有《三辅决录》、《万毕术》等书。章孝廉力其业，不数年成书盈尺。惜孝廉病卒，书不知零落何处"云云，可知其渊源所自矣。

乾隆五十三年戊申（一七八八）先生四十六岁

是年三月，先生为钱大昭撰《补续汉书艺文志序》云：

班孟坚《汉书》，因刘子骏《七略》作《艺文志》，西京书籍，略见其梗概矣。后代史家，递相祖述，《隋书》、《旧唐书》、《文献通考》作《经籍》，宋孝王《关东风俗传》作《坟籍》，其名不同，其书一也。

范氏《后汉书》本未及撰志，司马彪《续汉书》有《律历》、《礼仪》、《祭祀》、《天文》、《五行》、《郡国》、《百官》、《舆服》八志，而不及《艺文》，东京诸儒撰述，泯焉无闻，良可深惜！

嘉定钱可庐先生精通经史，其说经之书，实事求是，得未曾有。其于两汉三国，有《辨疑》一书，王光禄称赏不止，以为突过三刘。今复有《补续汉书艺文志》二卷。余受而读之：盖取蔚宗本史所载，及书之见存于今代，引证于古书，著录于别史，暨藏书家所录者，辑为此编，以补司马氏之阙漏。部分条析，悉依前书。于一代著述，固已搜采无遗，洋洋美备矣。不登上古之书者，依刘知几之说，断代为史，例不当载古人；且东汉时古书之存亡，亦非几千百年以下所能审知也。

乾隆五十四年己酉（一七八九）先生四十七岁

章学诚在太平，著《文史通义》内外二十三篇。其十二篇，附存旧稿一篇，合十三篇，皆推原道术，以为文史缘起者，统题为《姑孰夏课甲编》。自序云：

余仅能议文史耳，非知道者。然议文史而自拒文史于道外，则文史亦不成其为文史矣。

先生因论其《原道篇》云：

是篇初出，传稿京师，同人素爱章氏文者，皆不满意，谓蹈宋人语录习气，不免陈腐取憎，与其平日为文不类，至有移书相规戒者。余谛审之，谓朱少白曰："此乃明其《通义》所著，一切创言别论，皆出自然，无矫强耳。语虽浑成，意多精湛，未可议也。"（《文史通义·原道篇》按语）

朱文治入都谒先生，时毕沅以瓦当图寄先生，先生即属文治题之。故文治诗有"图悬四壁皆秦汉，促我篝灯咏瓦当"之句。（《南江诗钞题词》及注）

文治又有《感恩知己诗》云：

我作诸生时，一寒常彻骨，每念三世交，劝学示津筏。己酉上公车，邸寓初晋谒，公为解行李，延留逾两月。长安不易居，志之敢忘忽！（见《绕竹山房诗稿》卷九）

文治字诗南，久香先生兰之父也。《绕竹山房诗余》又有《即席奉酬邵丈二云招饮双藤簃》苏幕遮词云："紫烟笼，红玉镂。簃隔藤开，藤绕簃边走。仙客裁霞当被覆。诗梦惊回，忽讶双龙斗。坐花阴，还酌酒。璎珞低垂，未许春风逗。细嚼饿餭香满口。人喽花时，记得看花否？"

乾隆五十五年庚戌（一七九〇）先生四十八岁

高宗八旬诞辰，先生撰《征符》一篇上之。（见《文钞》卷二）钱大昕入都祝寿，寓先生邸舍。行礼后即出都。（见《竹汀居士年谱》）

是年三月，章学诚有与先生书云：

足下《尔雅正义》，功该而力勤，识清而裁密，仆谓是亦足不朽矣。抑性命休戚之故，亦有可喻者乎？尔雅字义，犹云近正，近正之义，犹世俗云官常说话，使人易解。足下既疏《尔雅》，则于古今言语能通达矣；以足下之学，岂特解释人言，竟无自得于言者乎！

君家念鲁先生有言，文章有关世道，不可不作，文采未极，亦不妨作。仆非能文者也，服膺先生遗言，不敢无所撰著，足下亦许以为且可矣。足下于文漫不留意，立言宗旨，未见有所发明，此非足下有疏于学，恐于闻道之日又有待也。

足下博综十倍于仆，用力之勤，亦十倍于仆，而闻见之择执，博综之要领，尚未见其一言蔽而万绪该，足下于斯，岂得无意乎！

《宋史》之愿，大车尘冥，仆亦有志，而内顾枵然，将资于足下而为之耳。足下如能自成一史，仆则当如二谢、司马诸家之《后汉》，王隐、虞预诸家之《晋书》，亦备一家之学。如其未能，则愿与足下共功，其中立言宗旨，不谋而合，亦较欧、宋《新唐》，必有差胜者矣。

此书盖学诚始抵武昌时所发。同时段玉裁亦客武昌，有书致先生云：

段玉裁顿首上二云先生座右：客冬得晤，数年契阔，得以稍畅。饫闻妙论，深叨雅谊，大快事也。惠赐《尔雅正义》，元元本本，既赡且确，什百邢氏，何待言矣。裁自客冬归，匆扰多端，未能详读一过，深以为歉。近者索居无俚，乃溯江至秋帆先生所一行，月内当即归，不能久滞也。拙著《尚书考读》将成，详于古文今文之别，及卫包之妄，行且梓政。先生邃于史学，闻实斋先生云，有《宋史》之举，但此事非先生莫能为，则日中必昃，尚勿迟缓。

实斋神交已久，今始得见，其史学可谓得其本源。抑实斋先生云，甲辰乙巳间，先生款门舍下无应者，闻甚骇异，去冬何未谈及？甲辰一年，舍间多故，裁必出门开罪也。裁自回坛，种种不得意，近者觅馆地坐之。倘其不得，当入都请业耳。兰泉先生向所仰望，去年承谕，本欲叩见，而未暇，今辄具禀，伏冀转达。《说文》兩字下曰，五行之数二十分为一辰，此语未详，求示之。每以独学无友为苦，故有入都请业之志也。秋帆先生云，相属纂《宋元明通鉴》，此事亦天地间不可少之事，何日成之？敬请近安！不戬。（四月十六日武昌幕中）

兰泉先生处禀竟未缮，惟祈晤时道及玉裁卅年仰慕之忱是感！又启。

其后玉裁又有与先生书云：

愚弟段玉裁顿首上二云大兄先生阁下：上年舍亲史名瑾者入都，曾奉书并《戴东原集》，曾否收到？迩来想新祉便蕃，起居万安。著述之闳富，玉裁愧不能亲炙细读也。闻以《宋史》自任，不知何日可成？令郎于《宋史》之学亦深，想必相得益彰。将来删削繁芜，继踪马、班，能令鄙人尚及见否？玉裁前年八月，跌坏右足，至今成废疾，加之以疮，学问荒落，去冬始悉力于《说文解字》，删繁就简，正其讹字，通其例，搜转注假借之微言，备故训之大义，三年必可有成，亦左氏失明，孙子膑足之意也。小婿龚丽正者，屺怀之子，考据之学，生而精通，大兄年家子也。更得大兄教诲之，庶可成良玉。苏州有博而且精之顾广圻，字千里，欲得尊著《尔雅疏》一部，望乞之为祷，即交小婿邮寄可也。《东原集》三部附上。丁小山兄去冬于杭城乃得相识。抱经先生已归道山，可叹可叹！梁伯子著《人表考》、《史记质疑》二书，该洽之至，想已看过矣。肃候近安！诸惟丙鉴不一。玉裁顿首。

周书昌先生无恙否？朱少伯兄乞叱致。章实斋亦不得其消息。（正月九日）

此二书俱自李慈铭《荀学斋日记》己集中录出。日记尚有王念孙、李尧栋二书，并录于后。

王书：

《知不足斋丛书》一套缴上。

曩注《广雅》，葆，本也，而不解其义。又读《诗传》，苞，本也，亦不解其义。窃疑浸彼苞稂，如竹苞矣，实方实苞，苞有三蘖，皆不当训为本。昨阅《玉篇》艸部蕈字注云，本蕈草丛生，（字或作苯《西京赋》苯蕈蓬茸），始知《传》训苞为本者，乃丛生之义，非根本之义也。《斯干笺》云，言时民殷众，如竹之本生。本生犹言丛生，因以比民之殷众，故孙炎云，物丛生曰苞，非根本之义明矣。《生民笺》云，丰苞亦茂也，《长发笺》云，苞丰也，皆足增成《传》义，而《正义》以为《易传》，失其旨矣。《广雅》云，葆科本也，又云，科丛也，菽葆也（《说文》葆草盛貌，菽细草丛生也），则葆苞古盖通用。未知有当与否？唯先生裁之。

又李氏《周易集解》系于苞桑下所列古训，必有与《尔雅》、《毛诗》相发明者，并祈录示。

余不一。年侍王念孙顿首。

李书：

别来一载，曾于去冬附入宽夫信中寄奉怀之作。比到都，而宽夫已旋里，竟持此信而归，以致不得呈左右，至今耿耿，刻于役淮阴，又未携此稿来，暇时当补录呈教也。

冬间一接手书，以尊纪相委属，已为转荐属邑，较弟冷泊衙中或略生色。

此月内，又接刘孝廉携来手书，隔年始到。然馆事极难，此时书院，焉有空缺？刘本敝门人，况重以台命，宁不为留意耶！

春殿宣毫，词曹文战，后来居上，自古积薪，岂必飞腾属诸前辈，不谓拔帜亦有康节，夺经神之席，亦登词客之坛，除目传来，喜生望外，坊阶迅转，行到头厅，不特士论翕然，亦且一破省例，使伏处江湖，远观壁上者，若老马闻鼙鼓之声，自忘驽钝也。

弟自知荒落，甘作粗材，但到江南，又存旧习。自甘淡泊，空处脂膏，毘陵七月，艰巨难肩。乃新参忘其迂拙，不以为不才，反量移白下。四月到此，已及数旬。幸民俗稍淳，案牍稍简，而上游孤介，酬应都捐，或堪藏拙。第麋鹿之性，不能奔走马牛，阁下视仆，岂治繁理剧才耶！终朝牵率，事与性违，空负江山，无情游揽，其意绪可知矣。

范士恒（名衷，上虞人，辛卯探花，与先生同年）三兄，贫态可念。顷以舟次无物携来，未能多寄，下遇便再当寄意，烦为致声。昨见邸钞，南昌事内，其令郎名字相同者，岂亦牵涉耶？

数行寄意，恭贺新除。并问近安。不一。愚弟李尧栋顿首。

二云先生阁下。六月十三日淮阴舟次。

按慈铭曾见乾隆诸老致先生尺牍一册，上四书即录自此尺牍者。今未得见。幸慈铭曾摘记其大概于日记云：

凡段茂堂书三通，

周书仓书三通，

卢抱经、王石渠、李南涧、邵楚帆（自昌）、曹地山、王（尔烈）书各二通，姚姬传、刘端临、纪文达、朱文正、金海住（名下钤一印云，住金刚坚固海）、鲁山木、平余山、家松云先生、邵海图（洪）书各一通。

又一书失去尾叶，似是翁覃溪。

一书仅署花间堂手札，似是成哲亲王。

一书只署太平使院字，似是朱笥河。其书云：“初九日晚五百里文，从道台处奉闻足下与戴东原、周舒苍同调取入四库全书馆，须此间给咨即行，连日伫望，何以未至？沿途见此字，驱舆放帆，毋太迟留也。切切！”下署十六日。此乾隆三十八年笥河任安徽学政时事。

又罗台山一纸，只末叶。

又一纸，无称谓姓名，只钤一小印曰西霞手书，吾乡王方川先生也。书云：“稚存札中，皆泛文□□，只淡淡一语，其实紧要，恐将来得罪人，若前任交代语亦不露，恐稚存为我心急也，至祷至切！”盖是书之别纸所云，乃西霞由翰林出为河南知县时事。洪稚存是西霞辛丑会试分房所荐士也。

茂堂两书（见上），端临书，山木书，松云书，皆长牍。

楚帆总宪两书，一言邵氏修谱事，一言博西斋所著《偶得》四卷，属二云校定及作序事，皆呼二云为侄。

海图侍郎呼为五哥而不字，又于二云尊人称伯父大人万福，是于二云为近支。其书言“金坛相国致属王抚军，以五哥为言，相国为朝廷培植善士之义，可谓深笃，王抚军两浙福星，非不知好士者，其所以相待之处，宜于相国安帖中委悉言之，五哥违都门久，而竟若憺怕不存于心。本房李老师关注殷切，而五哥嗣后无安帖来，似觉太阔，此不可也”云云。王抚军者王亶望，而两王字，后皆磨去其中直，改作三字，盖王获罪后，邵氏讳之，遂移之文敬公三宝，以王于丁酉岁代三公抚浙也。

书仓两书，言文安陈氏时文稿事，极推重之。

抱经一札，言《玉藻》行容惕惕，《释文》音傷，今小版秦刻误作惕，以二云所著《尔雅正义》为其所误。按今《正义·释训》忯忯惕惕下，并不引《玉藻》文，则二云后已改正矣。又一札言：“捧读改本《尔雅正义》，精而益精，中间删节处，亦更简当。”

南涧一札，言伪《斜川集》，望而知其非真；然不知即龙洲诗也。

石渠一札是借《开元占经》，一札言《广雅》葆本也云云。（见上）

端临书言《尔雅·释山》，山左右有岸厒，《广韵》作㕒，《玉篇》有⾦字，古文法，《说文》，疋，古文正，是⾦从疋，㕒从⾦得声，⾦㕒二字，虽不见于《说文》，而由古文正字孳生，即不可谓非六书之正体。按今邵氏《正义》仍不用其说，刘氏所著《经传小记》中亦无之。（按先生尝称刘台拱云：“予游京师，交友中渊通静远，造次必儒者，端临一人而已。”见阮元《刘端临先生墓表》）

朱文正札，是问《明史》洪武初，遣文原吉、詹同、魏观、吴辅道、赵寿等访求遗文，詹、魏自有传，文原吉官侍御史，不知其字与里，吴、赵二君官职字里，俱无考。

纪文达札，是借沈冠云《左传小疏》。

金海住札，言舍侄质孚（文淳）《易解》一种，曾恳带赴书局，公酌去取，如不足采，即求掷付小婿汪云倬（日章）寄还。

夏溪书，是托代访童君二树所藏古泉古碑，恳借其数事，为之考索题识。时二云已由翰林丁父忧归矣。

茂堂一书，言章实斋所撰《史集考》，不知已成若干？又言《尔雅正义》，高于邢氏万万，此有目所共见，汪容夫最佩服此书，近得其信否？按实斋未闻著《史集考》，盖即《文史通义》之初名也。（按章学诚著《史籍考》事，详上五十二年。其时慈铭未见《章氏遗书》，故误以为即《文史通义》之初名耳）

寻绎诸书，想见一时儒林份或往还，商榷古义，行间字里，古色照人。其称谓款式，谨而不侈，约而不率，虽或亦潦草不经意，而言无俗尘，皆足见先辈典刑，存为掌故。

吾家松云中丞及平宽夫侍郎两书，皆贺二云初入翰林（李书见上），中丞时以中允出守常州，调江宁，侍郎时以少詹事忧归，札中言李太守延修郡志事。两公手迹，向藏余家颇多。

慈铭又有一跋，《日记》不录，亦未得见。

按嘉庆刻本《南江文钞》，不载先生致友好书牍，是谱问世后，王重民先生为之绍介于《中华图书馆协会会报》（第八卷第六期）中云："傅沅叔先生所藏道光刻本，《南江文钞》卷八，有致程鱼门、吴百药、吴春岩、吴衣园、章实斋、钱竹汀书札各一通，致朱笥河书札三通，除程、钱二札系论《尔雅》，余已不忆其作何语，论何事矣。而傅先生藏本，未获再翻阅，此余与黄先生所同引为恨事者也。"匆匆二十余年，王先生语，忆之如昨，而道光本竟不可得，补志于此，有余恫焉。

乾隆五十六年辛亥（一七九一）先生四十九岁

二月，御试翰詹，先生名列二等，迁左春坊左中允。

七月，周永年卒。年六十有二。章学诚为作传。其末段云：

余与书昌交，终始于与桐。居京师，尝困踬少欢，遇二君，辄忘患苦，能作竟日谈宴。忆书昌方欲僦田治生，有老农为述田家乐事，娓娓入人，余闻之意移，亦欲共书昌效彻田遗意。独与桐谓未可信。余询其故。与桐曰："农田之必有利，犹读书之必有益也。农子闻大儒言读书之功，而舍其耒耜，以求占毕可乎？"余曰："我辈归老故山，得有田圃林泉之胜，三数知契，衡宇相望，弦诵之余，因而课耕问莳，朝夕过从，人在士农之间，不亦可乎！”与桐、书昌皆色然有慕。斯言犹在耳也，不知感慨系之矣。（《章氏遗书》卷九《周书昌别传》）

永年自与先生被征后，海内学人集辇下，皆欲纳交，投刺踵门；然深相知者，先生及程晋芳、丁杰数人而已。于经史百氏之言，览括略尽，观其大义，不雠章句。自谓文拙，不存稿，故殁后无传焉。（据桂馥《晚学集》卷七《周先生传》）

十一月，诏刊十三经于太学，依开成石经，据诸本订其得失。先生职《春秋》三传，所正字体，较他经独多。（《邵学士家传》）

明年，高宗巡幸五台，先生集十三经语十三章，为《五台集福颂》，其序辞盛称此次校刻石经之美善，中有云：

臣谨案石经之刻，自汉鸿都勒石以后，魏、晋、后魏、孟蜀诸刻，久无传本，学者所睹，惟有唐宋石经。

臣前承恩命，填抚陕西，见唐石经尚存西安府学。开成校刻，只十二经，当时已讥其字乖师法；旋以乾符修改，后梁补阙，北宋人旁注，益滋混淆。

及奉命移抚河南，访北宋二体石经，仅得《周礼》残碑，存陈留县学。（彭元瑞《知圣道斋读书跋》卷二，北宋石经，向来记石刻者不之及，即《河南志·古迹》，有《翟母碑》而无宋石经，亦可慨也。近始出土中，邵学士晋涵拓以贻余）

至于南宋石经，缮写既非全篇，刻石复多零散，虽在杭州府学，好古之儒，莫之宗尚。

是则石经之刻，综前代所留贻，袭舛承误，徒滋讥议，别黑白以定圭臬，至今日而始臻其美善。

况夫《周易》正王弼之参连，《礼记》厘开元之篇第，《洪范》订其颇陂，《笙诗》存其义旨，《仪礼》存授绥之词命，《尔

雅》删桑扈之重文，盛世惇经，以考文彰同文之上治，斯固非前代之刻石经可得而比拟也。(《文钞》卷一)

此文先生自云代作，而不注所代之人，玩其辞意，似为代毕沅作者。

是年，章学诚有与先生论文书云：

君家念鲁先生尝言，文贵谨严雄健。夫谨严存乎法度，雄健存乎气势。气势必由书卷充积，不可貌袭而强为也。法度资乎讲习，疏于文者则谓不过方圆规矩，人人皆可与知，不知法度犹律令耳。文境变化，非显然之法度所能该，亦犹狱情变化，非一定之律令所能尽。故深于文法者，必有无形与声，而又复至当不易之法，所谓文心是也。精于治狱者，必有非典非故而自协天理人情之勘，所谓律意是也。文心律意，非作家老吏不能神明，非方圆规矩所能尽也。然用功纯熟，可以旦暮遇之。

学诚好与先生论文，故其后又与先生书云：

古文之与制义，犹试律之与古诗也。近体之与古风，犹骈丽之与散行也。学者各有擅长，不能易地，则诚然矣。苟于所得既深，而谓其中甘苦，不能相喻，则无是理也。

夫艺业虽有高卑，而万物之情，各有其至，苟能心知其意，则体制虽殊，其中曲折，无不可共喻也。每见工时文者则曰不解古文，擅古文者则曰不解时文，如曰不能为此，无足怪耳；若其所为之理而不能解，则其所谓工与擅者，亦未必其得之深也。

仆于时文甚浅近，因改古文而转有窥于时文之奥，乃知天下理固通也。(并见《章氏遗书》卷四)

学诚论文有精识独到处，其论时文古文一书，语亦透辟。先生虽厌薄时文（周永年《时艺类编序》云："同年邵二云，世所推鸿骏君子之一也，其厌薄时文也尤甚。"），而亦不主张古文有一定之方式。故曰：

胸有奇偶双单之见者，岂可与论古文。（见章学诚《论文辨伪》）

学诚推为知言。先生亦颇爱学诚之文，谓其根深实茂，重自爱惜，从无徇人牵率之作。（见《梦痕录余》）

先生论文之语，既不多见；论诗者亦甚少。惟《霍尊彝遗诗序》云：

余尝谓诗之原出于天籁，天怀有独挚，其诗皆有可传。惟性情糅杂以尘垢者，纵终身学之无益。（《文钞》卷四）

又《宝严堂诗钞序》云：

郇卿子曰，诗者中声所止也。情动于中而宣之为声，声之所感不同，胥能类其大小，比其始终，俾宫商相应，若画采成文，绳其德以协于中。后世之言诗者，竞为新声，以投一时之嗜好。或袭于外以为恢张，或陷其中以为幽渺，或柔曼以取姿，或奔放以作势，或奇谲以见巧。是无异乎侈声之迫筰也，弇声之郁勃也，薄声之甄掉也，陂声之离散也，险声之抑敛也，恶知所谓中声乎哉！（见同上）

先生谓诗之原出于天籁而止于中声，故主张诗贵摅写纯洁之性情，其发声当在不抗不坠之间，读先生所为诗，委婉近人而含蕴无穷，可知其非苟言也。

时人多谓先生不长于诗，殊不足信。法式善云：

邵二云学士经术湛深，诗其余事。近见题张水屋《游西山图》云："西风振客衣，西山落襟袖。窄径穿盘陀，石与车轮斗。滑笏铺层溪，始自何年溜。萦旋百褶云，破衲纷刻镂。前林转忽开，数亩辟广袤。绀叶蒸斜阳，杖影露鸿脰。古屋撑悬崖，暮霭不能覆。镰月割半棱，藉草稍停留。直上蹑空梯，虚坎松根凑。仆本山中人，新到境如旧。"余甚爱之。(《梧门诗话》)

郭麟亦云：

邵二云学士经学湛深，古诗多深思古意。然其和童二树梅花诗，其中一绝云："折枝赠别晓江寒，好句长留画壁看。三载魂销梅岭雨，黄椰根苦荔枝酸。"注谓怀罗二岭南。言情婉婉，深得风人之旨。《秋草》云："长驿露寒人独立，横塘水落雁初过。"《落叶》云："从遣深山征月冷，是谁中夜读《离骚》。"皆有远韵。(见《樗园消夏录》卷下)

叶德辉《郎园读书志》因谓先生于诗功力至深，《诗钞》所存多此类，而人不甚称颂者，为他著述所掩尔。其言诚确。而先生子秉华跋先生《诗钞》云：

先大夫幼侍曾大父东葵先生于蛟川学舍，即受诗法，矢口成音，协于天籁。博览古作者，自汉魏六朝迄唐宋元明大家名辈，皆涉其堂奥，而别其指归。与里中诸子唱和，操笔立成，名章秀句，领袖一时。洎领乡荐，舟车南北，见闻日扩，问学益充，发为歌诗，与山川名胜相辉映。比成进士，研精经史，不欲以诗人见长，登览余闲，抒写性情，不事摹拟，而自合于古作者。尝谓荀子诗者中声所止，得作诗指。于唐取少陵、昌黎、义山、牧之诸家。性不喜观黄涪翁诗，故所作多出入于韩、杜间，而无江西派生硬及四灵派琐碎之弊。尝手批《杜集》、《韩集》一过，可以见先大夫性情之所近矣。（据《姚江诗录》引）

家学渊源，言之尤为亲切。兹更录先生《万柳堂》二律以概其余。

横云池馆已荒凉，衰柳今依选佛场。细路独来寻曲涧，孤亭无主对斜阳。芦摇霜气飞千点，雁过风棱并一行。惟有西山留过客，湿岚欲堕石桥旁。

似闻春露濯灵姿，上客先拈白凤词。花气扑筵香是雾，歌声吹梦雨如丝。我生已晚悲前度，树岂能言感昔时。日暮陂塘回瘦马，碧云黄叶去何之。（《诗钞》卷二）

又朱文治题先生《诗钞》云："白俗元轻都扫除，摛词卓荦又纡余。"亦当。（《南江诗钞·题词》）

是年，卢文弨校刻《经典释文》成，王怀祖及先生皆不满其书：王谓"卢郎老矣，而刻书甚易，能无误乎"？先生谓"卢公喜与时贤作难，是其一蔽"。（见王端履《重论文斋笔录》卷一）

乾隆五十七年壬子（一七九二）先生五十岁

是年，毕沅《续通鉴》修成。沅尝以二十年功属某氏续宋元《通鉴》，大率就徐氏本稍为损益，无大殊异。沅未惬心，属先生为之覆审，其书即大改观。时沅方用兵，书寄军营，读之大悦服。手书报谢，谓迥出诸家续鉴上也。其义例详章学诚为毕沅与钱大昕论《续通鉴》书中。略谓宋事据丹棱、井研二李氏书而推广之，又据旁籍以补其遗。元事多引文集，而说部则慎择其可征信者。仍用司马氏例，折衷诸说异同，明其去取之故，以为考异。惟不别为书，注于本文之下，以便省览。涑水之书，中有评论，是书则付缺如，以为史文评论，苟无卓见特识，发前人所未发，而漫为颂尧非桀，殆无异释氏说法，语尽而继之以偈，文士撰碑，事具而韵之以铭，斯为赘矣。（见章学诚《邵与桐别传》及《为毕制军与钱辛楣论续鉴书》）

按学诚于嘉庆五年为先生作别传，谓毕公卒于军，其家所刻《续鉴》杀青未竟，家旋籍没，君之所寄，不可访矣。其言似未可信：毕沅卒于嘉庆二年，其家籍没于嘉庆四年，是时《续鉴》刻至百三卷而止，后一年，冯集梧购得毕氏原稿及不全板片，为补刻百十七卷，次年三月刻成，共二百二十卷（据嘉庆六年三月冯集梧《续通鉴序》），冯氏谓系毕氏定本，而学诚则谓先生所寄，已不可访，此一可疑。学诚为毕沅致钱氏书中，有“全书并录副本呈上，幸为检点舛误”之语，则先生校订之本，已成于是年，不应其家于嘉庆四年刻书时，犹用某氏初定之本，岂毕沅卒时，先生之稿随亡耶？此二可疑。钱氏于嘉庆二年为毕沅覆勘是书，增补考异，未蒇事而沅卒，以其本归沅子（据钱庆曾《竹汀居士谱续》），先生之所寄或不可访，钱氏之所归，亦并亡之耶？此三可疑。又是书，学诚致钱氏书中但云二百卷，而钱氏为毕沅作墓志铭，称二百二十卷，与冯刻本同。钱氏既为参校是书者，其言当非无据。然则是年以后，又增补二十卷耶？抑二百二十卷，固为先生改定本耶？

是年，章学诚有与先生论修《宋史》书云：

足下今生五十年矣。中间得过日多，约略前后自记生平所欲为者，度其精神血气尚可为者有几。盖前此少壮，或身可有为，未可遽思空言以垂后世；后此精力衰颓，又恐人事有不可知，是以约计吾徒著述之事，多在五十六十之年，且阅涉至是不为不多，中见亦宜有所卓也。足下《宋史》之愿，大车尘冥，恐为之未必遽成；就使成书，亦必足下自出一家之旨，仆亦无从过而问矣。

近撰《书教》之篇，所见较前似有进境，与方志三书之议，同出新著，前已附致其文于足下矣。其以圆神方智，定史学之两大宗门，而撰述之书，不可律以记注一成之法。又迁书所创纪传之法，本自圆神，后世袭用纪传成法，不知变通，而史才史识史学，转为史例拘牵，愈袭愈舛，以致圆不可神，方不可智。如宋、元二史之溃败决裂，不可救挽，实为史学之河淮洪泽，逆河入海之会，于此而不为回狂障堕之功，则滔滔者何所底止！夫《通鉴》为史节之最粗，而《纪事本末》又为《通鉴》之纲纪奴仆，仆尝以为此不足为史学，而止可为史纂史钞者也。然神奇可化臭腐，臭腐亦复化为神奇，《纪事本末》本无深意，而因事命题，不为成法，则引而伸之，扩而充之，遂觉体圆用神，《尚书》神圣制作，数千年来可仰望而不可接者，至此可以仰追。岂非穷变通久，自有其会，纪传流弊，至于极尽，而天诱仆衷，为从此百千年后史学开蚕丛乎！今仍纪传之体，而参本末之法，增图谱之例，而删书志之名。发凡起例，别具《圆通》之篇。推论甚精，造次难尽，须俟脱稿，便当续上奉郢质也。

但古人云，载之空言，不如见诸实事，仆思自以义例撰述一书，以明所著之非虚语。因择诸史之所宜致功者，莫如赵宋一代之书，而体既与班、马殊科，则于足下之所欲为者，不嫌同工异曲，惟是经纶一代，思虑难周，惟于南北三百余年，挈要提纲，足下于夙所究心者，指示一二，略如袁枢纪事之有题目，虽不必尽似之，亦贵得其概而有以变通之也。

《书教篇》为章氏晚年精到之作，此书所论，足相证发。先生曾评之云：

> 纪传史裁，参仿袁枢，是貌同心异。以之上接《尚书》家言，是貌异心同。是篇所推，于六艺为支子，于史学为大宗，于前史为中流砥柱，于后学为蚕丛开山。

其《圆通篇》似未撰成。章氏与先生相约撰《宋史》，其学其识，又皆足以副其志，而皆不克成书。

先生虽辑《南都》，其稿又浮沉不可知，此实史学界一大恨事也。

是年十月，大学士和坤兼翰林院掌院学士，莅任，属官见者皆降礼。先生弟子戴联奎时在翰林，独长揖。和访时望为额鲋师，或荐先生及联奎，先生辞不就，和以为愧，欲延联奎，联奎亦坚辞。见姚莹《东溟外集》卷三《光禄大夫兵部尚书戴公墓志铭》。

> 按其文又云："邵先生语公曰：'吾老矣，行移病去，子宜为后计！'公曰：'吾师行，弟子从之矣。'邵果乞休。和曰：'吾非必相强，邵君何为此悻悻！'"此虽足见先生风力之高，然先生实卒于官，未乞休也。

联奎字紫垣，如皋人。卒于道光二年二月。

是年钱泳入京师，谒见先生于横街寓第。（《履园丛话》卷六："乾隆五十七年，余初入京师，谒见先生于横街寓第。时官翰林侍讲，为人朴野，德行恂恂，今之召伯春也。而经学之修明，文章之通达，实鲜其匹。是时萧山王南陔中丞尚为秀才，常在先生坐中，遇之，剧谈古今，每至竟日。"）

乾隆五十八年癸丑（一七九三）先生五十一岁

是年五月，病初起，校阅旧钞本《东南纪闻》一过。

先生跋云："此书从《永乐大典》中录出，不著撰人姓氏，盖宋遗民所纂述也。中间有与《程史》相同者，其为钞撮而成欤？抑各纪所闻欤？其纪史弥远、嵩之凶险，有出于诸家纪载之外者，当时东南遗老，痛心于弥远叔侄者深矣。辛丑夏，馆吏录副本求售，因留之。癸丑五月病初起，校阅一过，讹字不可尽乙，俟求别本正之。"（见《江苏省立国学图书馆第三年刊·馆藏善本书题跋辑录》）

嘉庆元年丙辰（一七九六）先生五十四岁

高宗纪元周甲授受礼成，先生撰《迎日推策记》一篇上之。（见《文钞》卷二）

先生迁中允后，旋擢侍讲侍读左庶子，至是自左庶子擢翰林院侍讲学士，日讲起居注官，兼文渊阁直阁事。历充咸安宫总裁，《万寿盛典》、《八旗通志》国史馆三通馆纂修官。又为国史馆提调，兼掌进拟文字。

先生在史馆十余年，人以为魏憺、韦述之比。数十年来名卿列传，皆出其手。据实直书，未尝依阿瞻徇。每有进御，高宗为之嘉奖，故大臣相倚如左右手。（见王昶《春融堂集·翰林院侍讲充国史馆提调官邵君墓表》及《蒲褐山房诗话》）馆中收贮先朝史册，以数千计，总裁问以某事，答在某册第几页中，百不失一。（江藩《国朝汉学师承记》）

法式善在馆中校勘诸功臣传稿，见传中有载入从逆之臣，而反失载殉难大员者，有殉难于前朝，而载入本朝忠臣者，有年月舛误者，有姓名舛误者，因条列其事，而与先生书云：

> 比在馆中勘校诸功臣传稿，并付到诸册籍，其中舛误遗阙，尚复不少。良由外省之咨报非一时，中秘之前后纂修非一手，加以岁月之久，疑误相仍，莫能指正。伏惟阁下以网罗一代之才，识卓而文茂，职掌所存，自宜及时厘定，以为惇史。谨就管窥所

及，条例其事，愿先生亮察而审正之。（《存素堂集》卷三《与邵二云前辈论史事书》）

先生体素羸弱，又兼诸馆，晨入暮出。复以其暇授徒自给，执经者尝林立以待，先生随问曲谕，人人皆得其意。前后著录弟子至数百人。由是体益不支。是年三月感寒疾，医者误投药，遂剧。以六月十五日（此据钱大昕墓志铭，洪传作六月二十五日误），卒于邸第。先生病中尝寄洪亮吉诗，亮吉酬之云：

与君卜邻意非好，欲拉酒徒时醉倒。墙西望汝一树花，君病未瘳春遽老。笺云日啖半瓯粥，颇厌墙东酒徒扰。墙东酒徒非得已，匝月行完七千里，轰天炮火冲身出，吊影惊魂可知矣。昨来偶自窥青镜，不觉二毛填鬓底，期君醉我君辞疾，反作新诗恼行客。酒逋我纵盈门索，药券知君亦山积，君如戒药我戒酒，一日颠毛恐俱白。（《卷施阁诗》卷十七）

盖亮吉以为先生所感乃寒疾不足患，故有“期君醉我君辞疾，反作新诗恼行客”之戏语，而孰知先生竟由此不起矣。先生卒前，语笑犹如平时。人有乞为志传未及成者，检箧中稿付次子秉华，遂整容就席而瞑。是时长子秉衡不在京，以先生于去岁遣归，为营其兄履涵冢穴也。（见《邵学士家传》、《邵君墓志铭》）

章学诚闻先生卒，哀悼甚切。《与胡雒君书》有云：

昨闻邵二云学士逝世，哀悼累日，非尽为友谊也。浙东史学，自宋元数百年来，历有渊源，自斯人不禄，而浙东文献尽矣。鄙宿劝其授高第学子，彼云未得其人，劝其著书，又云未暇，而今长已矣，哀哉！

前在楚中，与鄙有修《宋史》之约，又有私辑府志之订，今

皆成虚愿矣。(《章氏遗书》卷五)

府志之订，未见他记，姑不具论。若《宋史》之不成，实学诚所视为无穷之恨者。《别传》云：

识者知君笔削成书，必有随刊疏凿之功，蔚为艺林巨观。讵知竟坐才高嗜博，官程私课，分功固多，晚年日月益促，又体羸善病，人事蹉跎其间，遂致美志不就，淹忽下世。以数百年闻丛见集，若将有待以大其成者，一旦失散不得复聚，不特君之不幸，亦斯文之厄也。

又云：

昊天生百才士，不能得一史才，生十史才，不能得一史识，有才有识如此，而又不佑其成，若有物忌者然，岂不重可惜哉！

学诚自谓知先生之深，与人异者有三：先生以博洽见称，而不知其难在能守约；以经训行世，不知其长乃在史裁；以汉诂推尊，不知宗主乃在宋学。(见《别传》章廷枫按语）而已所蕴蓄，亦惟先生知之最深。故先生评学诚《与陈观民工部论〈湖北通志〉》云：

文史字见东方朔及司马迁传，唐宋以还，乃以论文诸家目为文史。章君自谓引义征例，出于《春秋》，而又兼礼家之辨名正物，斯为《文史通义》之宗旨尔。盖古人虽有其文，未尝推究至于此也。此篇论通志义例，实包今古史裁，其意盖谓韩、欧之文，不可与论马、班之史，判若天渊，论似新奇，然由其所辨，反复推求，义意未尝不平实也。昔人论刘勰知文不知史，刘知几知史不知文，必如此书，而文史可以各识职矣。(《文史通义补编》)

学诚亦云：

> 余著《文史通义》，不无别识独裁，不知者或相讥议。君每见余书，辄谓如探其胸中之所欲言。间有乍闻错愕，俄转为惊喜者，亦不一而足。以余所知解，视君之学，不啻如稊米之在太仓，而君乃深契如是，古人所称昌歜之嗜，殆有天性不可解耶！（《别传》）

学诚自负所学有别识独裁，不为人知，独先生能契合隐微。前后二十余年，南北离合，爱若弟兄，得志未尝不相慰悦，风尘潦倒，又强半以先生为依附。（《别传》）知己之感，不能自已，故其言往复悱恻，读之凄咽。

讣至吴下，钱大昕为位哭之恸，谓“君生长浙东，习闻蕺山、南雷诸先生绪论，于明季朋党奄寺乱政，及唐、鲁二王起兵本末，口讲手画，往往出正史之外，自君谢世，而南江文献无可征矣”。又云：“予比岁衰病，尝预戒儿辈必求二云铭我，孰意天实祝予，转以才尽之笔，纳君穿中也。”（《邵君墓志铭》）

后五年辛巳，章学诚卒，年六十有四。

又三年甲子，钱大昕卒，年七十有七。

又三年丁卯，汪辉祖卒，年七十有八。

又二年己巳，洪亮吉卒，年六十有四。

先生两子秉衡、秉华，皆能世先生学。阮元云：

> 浙东西兄弟皆才者，二洪之外，则有丁小雅杰之二子，邵二云学士之二子秉衡、秉华，并传家法，兼通经史。（《定香亭笔谈》卷二）

则先生为有后矣。

先生著述，强半散佚。洪亮吉称先生有《孟子述义》、《谷梁古注》、《韩诗内传考》，并足正赵岐、范宁及王应麟之失。（《家传》）钱大昕则称先生有《谷梁正义》。（《邵君墓志铭》）章贻选亦仅称《谷梁正义》而不言《谷梁古注》。按阮元《南江邵氏遗书序》云：

先生曾语元云，《孟子疏》伪而陋，今再为之。《宋史》列传多讹，欲删传若干。顾皆未见其书。今先生久卒于官，惟《尔雅正义》先已刊行。今令子秉华等复刊《南江札记》四卷，《南江文钞》若干卷，次第皆成。尚有《南江诗钞》十卷，《韩诗内传考》一卷，《旧五代史考异》、《宋元事鉴考异》、《大臣谥迹录》、《方舆金石编目》若干卷，未刊（据《别传》章贻选注，尚有《辅轩目录》），将次第刊之以贻学者。

此序作于嘉庆九年，距先生之卒仅八年，而《孟子述义》（先生与家稚圭先生书，作《孟子正义》）已称未见，《谷梁古注》、《谷梁正义》皆未称及，殆皆为先生未成之稿欤？

又此序未将《文钞》卷数确定，且刊在《南江札记》之首，大抵《南江札记》最先刊，次《文钞》，次《诗钞》，余则未刊。

今按嘉庆刻本《文钞》四卷，凡百有一篇。

卷一、卷二，

赋八篇。高宗巡幸万寿纪元周甲等应制经进文二十篇。

卷三，

《四库提要》三十七篇。

卷四，

祠庙碑记七篇。

序二十九篇：《广西乡试录序》、《尔雅正义序》、《汉魏音序》、《校正神农本草序》、周耕厓《意林注序》、《周易辨画序》、《余姚史氏宗谱序》、《劳氏家谱序》、《涞水方氏家谱序》、《双节堂赠言集序》、《越女表微录序》、《张氏垂范集序》、《节门诗录序》、《国朝姚江诗存序》、《槐塘遗集序》、《霍尊彝遗诗序》、《朴庭先生文稿序》、《宝严堂诗钞序》、《全浙诗话序》、《沈铇尊诗序》、《徐薛堂时艺叙》、《姜星六时文序》、《销寒叠韵诗序》、《傅素余时文序》、曹寅谷《四书摭说题词》、《李氏蒙求补注序》、《宸垣识略序》、《赠张淳初序》、《送汪焕曾之官宁远序》。

叶德辉《郎园读书志》，《文钞》作十二卷，《诗钞》十卷作四卷，则为道光壬辰刻本。德辉并注为门人胡敬所刻。余未见其书。然道光壬辰刻本，乃先生门人孙尔准寄赀属胡敬校刊者。敬与尔准为同年，而与先生则绝无关系，不知德辉何据而以敬为先生门人乎？按光绪本《余姚县志》所录《文钞》、《诗钞》卷数，与叶志同。并载有胡敬序云：

辛卯夏，余友文靖孙公，寄其师邵二云先生集并赀，属为校刊。多病逡巡，逾岁雠刊始毕。首应制文，次杂著，次诗，分卷十有六。以《札记》四卷附焉。梓成而文靖归道山已十阅月矣。

昔文靖与余值词馆，编纂《全唐文》，共晨夕者凡六年。每值夜深谈艺，称述其师之学之才，谓作文则操笔立成，诲人则更仆忘倦，未尝不叹先生之得天独优，文靖之所得于师承者有自也。

文靖得师经史之学，敷为章奏，得师文艺，作为诗歌，得师立品之超，见事之明，以莅官行军，卓然媲古大臣风烈。是先生之业，文靖为尽得其传，先生可以无憾。独惜斯集编排之成，文靖不及一见，相与札商去取之得失也。

至其集之奥衍综博，足资考镜，与阐明姚江学术之宗派者，有章传陈叙已备言云。

则叶且未读胡序欤？然据叶志胡序，《文钞》由四卷增至十二卷，《诗钞》由十卷减至四卷，是道光本视嘉庆本固大有增减。其增减之故则不可知。余所见《诗钞》乃残本，仅有首二卷，亦不能断其为四卷本与十卷本也。

《札记》四卷：

《春秋左氏传》一卷，

《仪礼正误》、《礼记》、《三礼》合一卷，

《孟子》一卷，

《史记》、《汉书》、《后汉书》、《三国志》（按论《三国志》四十九条，皆直录何焯《义门读书记》，盖先生过录于所阅书上，编者不检而误入之耳。）《五代史》、《宋史》合一卷。

短者或仅校正字句，长者考核至六七百言。王昶《湖海文存》卷九，有先生《燔柴泰坛解》一篇，即由此录出者。李慈铭甚称其《孟子札记》，谓中如：

芒芒然归，引《方言》云，茫，遽也。吴杨曰茫。

地丑德齐，引《方言》云，丑，同也。东齐曰丑。

于予心独无恔乎！引《方言》云，恔，快也。东齐海岱之间曰恔。

夏畦，引《说文》云，田五十亩曰畦。《文选注》称刘熙注云，今俗以二十五亩为小畦。又云，今俗以五十亩为大畦。

沛泽，引《公羊》僖四年传，大陷于沛泽之中，何休注，草

棘曰沛，渐洳曰泽。《后汉书注》述刘熙注云，沛，水草相伴。

其丽不亿，引《说文》云，畝，数也。

源泉混混，引《说文》云，混，丰流也。

西子蒙不洁，引《淮南·修务训》云，毛嫱、西施，天下之美人，若使之衔腐鼠，蒙蝟皮，衣豹裘，带死蛇，则布衣韦带之人，过者莫不左右睥睨而掩鼻。

为不若是恝，引《说文》作忿云，忿，忽也。呼介切。

夔夔齐栗，谓夔夔犹匔匔也。引《史记·鲁世家》匔匔如畏状，徐广曰，匔匔，谨敬貌，一文作夔夔。

丹朱之不肖，引《史记索隐》述郑玄曰，肖，似也。不似，言不如人也。

富岁子弟多赖，引《说文》云，赖，赢也。《吕氏春秋注》云，赖，利也。一曰善也。

版筑，引《文选注》称郭璞《三苍解诂》云，版，墙上下版；筑，杵头铁沓也。

其志嘐嘐然，引《说文》云，嘐，夸语也。

皆古义湛然。（《孟学斋日记》甲集上）

此亦可略见《札记》内容矣。

上述《文钞》、《诗钞》、《札记》三种，虽皆刊行，存者盖寡。《诗钞》尤为仅见。略存篇目卷数于此，俟他日得道光本更参校焉。

一九二九年柳翼谋先生跋

采旮群书，编次一先生之年谱不难，难在若人之学术思想独到之处，辨章扬榷，有以推见至隐，史公所诏好学深思，心知其意，亦浙东史学家所独擅。胝沫是篇，南江精神为不死矣！

《明史》编纂考略

《明史》一书，清代学者以其为钦定之故，率有褒无贬，或箝口不道，以远疑忌。赵翼曰："近代诸史，自欧阳公《五代史》以外，《辽史》简略，《宋史》繁芜，《元史》草率，惟《金史》行文雅洁，叙事简括，稍为可观，然未有如《明史》之完善者。以其修于康熙时，去前朝未远，见闻尚接，故事迹原委，多得其真，非同《后汉书》之修于宋，《晋书》之修于唐，徒据旧人记载，而整齐其文也。又经数十年参考订正，或增或删，或离或合，故事益详而文益简，且是非久而后定，执笔者无所徇隐于其间，益可征信，非如元末之修宋、辽、金三史，明初之修《元史》，时日迫促，不暇致详，而潦草完事也。"窃谓赵氏长于治史，评他史俱极平允，而于《明史》则不免回护。余拟博览明代官私记载，将《明史》所用材料一一加以勘核，成《明史考证》一书，以确定《明史》价值。人事牵挽，因循未遑。兹先揭其编纂始末于此，就正宏达，亦以见赵氏所言之非为实录，而《明史》之不可不重加估计云。

《明史》创修于清世祖顺治二年五月。

《清实录》、《东华录》、王士祯《池北偶谈》：顺治二年五月，命内三院大学士冯铨、洪承畴、李建泰、范文程、刚林、祁充格等为总裁，学士詹图赖、衮伊图、宁完我、蒋赫德、刘清泰、李若琳、胡世安，侍读学士高尔俨，侍读陈具庆、朱之俊为副总裁，郎廷佐等九员为纂修官，纂修《明史》。

大学士冯铨为总裁，仿《通鉴》体，仅成数帙，而天启四年实录，遂为窃去。

杨春《孟邻堂集·再上明鉴纲目馆总裁书》。又朱彝尊《曝书亭集·书〈两朝从信录〉后》："熹宗实录成，藏皇史宬，相传顺治初，大学士涿州冯铨复入内阁，见天启四年纪事，毁己尤甚，遂去其籍，无完书。"

天启七年实录，及崇祯元年以后事迹亦缺。五年九月，着内外衙门，将所缺年份内上下文移有关政事者，汇送内院。

《清实录》、《东华录》：顺治五年九月，谕内三院，今纂修《明史》，阙天启四年、七年实录，及崇祯元年以后事迹，着在内六部都察院衙门，在外督抚镇按及都布按三司等衙门，将所阙年份内，一应上下文移有关政事者，作速开送礼部，汇送内院，以备纂修。

八年闰二月，大学士刚林等奏请重悬赏格，购求天启、崇祯实录及邸报野史。

《清实录》、《东华录》：顺治八年闰二月，大学士刚林等奏："臣等纂修《明史》，查天启四年及七年六月实录：并崇祯一朝事迹俱缺，宜敕内外各官，广示晓谕，重悬赏格，凡钞有天启、崇祯实录，或有汇集邸报者，多方购求，期于必得，或有野史外传集记等书，皆可备资纂辑，务须广询博访，汇送礼部，庶事实有据，信史可成。"下所司知之。

然实录终不可得。十二年二月，少詹事朱之锡请责令学臣购进遗书，于任满时课多寡为殿最。

《清史列传》：十二年二月，之锡疏言："自国家定鼎以来，开馆纂修《明史》，因天启、崇祯年间，事实散佚，参考无凭，遂致停搁，恐岁月渐深，传闻愈舛。夫实录不存，则可据者，惟当时邸报，及野乘遗书，宜敕部宣示中外，有以明末邸报来上者，量加旌赉。至求书久奉明旨，而各省奉行怠忽，请责成学臣购进，及任满时，课其多寡而殿最之，则事有专司，史料易备矣。”疏入，下所司议行。

国史院检讨汤斌应诏陈言，亦请广搜遗书，补实录之缺。

《汤子遗书·敬陈史法疏》：“臣愚，窃以为立法宜严，取材贵备，实录所纪，恐有不详：如靖难兵起，建文易号，永乐命史臣重修实录，则低昂高下之间，恐未可据；他如土木之变，大礼之议，事多忌讳。况天启以后，实录无存，将何所依据焉？一也。二百七十余年，英贤辈出，有身未登朝而懿行堪著，或名仅闾巷而至性可风，万一輶轩未采，金匮失登，则姓氏无传，何以发潜德之光！前代史书，如隐逸、独行、孝友、列女诸传，多实录所未备者，二也。天文、地理、律历、河渠、礼乐、兵刑、艺文、财赋以及公侯将相，为志为表，不得其人，不历其事，不能悉其本末原委，三也。臣谓今日时代不远，故老犹存，遗书未烬，当及此时开献书之赏，下购求之令，凡先儒纪载有关史事者，择其可信，并许参考，庶几道法明而事辞备矣。”

而各省采访不力，馆臣无可藉手，史事无形停搁。

圣祖康熙四年，史馆复开，御史顾如华仍疏请广搜稗史，并广征海内弘通之士，与词臣同纂，决去取于满、汉总裁。

《东华录》：康熙四年十月，山东道御史顾如华奏：“伏读上谕礼部广搜前明天启以后事迹，以备纂修《明史》，诚盛典也。查《明史》旧有刊本，尚非钦定之书。且天启以后，文籍残毁，苟非广搜稗史，何以考订无遗。如《三朝要典》、《同时尚论录》、《樵史》、《两朝崇信录》、《颂天胪笔》，及世族大家之纪录，高年逸叟之传闻，俱宜采访，以备考订。至于开设史局，尤宜择词臣博雅者，兼广征海内弘通之士，同事纂辑，然后上之满、汉总裁，以决去取，纂成全书，进呈御览，以成一代信史。”章下所司。

于史料而外，又注意史才，宏博之举，顾氏盖启其端矣。惟其时修史工作，仍无所闻，仅以满文迻译实录；又会修世祖实录而罢。

杨椿《再上明鉴纲目馆总裁书》。

此为《明史》纂修初期，其成绩殆无可称者。

康熙十八年，从给事中张鹏请，命内阁学士徐元文为监修，翰林院掌院学士叶方霭，右庶子张玉书为总裁。征博学鸿儒一等彭孙遹、倪灿、张烈、汪霦、乔莱、王顼龄、李因笃、秦松龄、周清原、陈维崧、徐嘉炎、陆棻、冯勖、钱中谐、汪楫、袁佑、朱彝尊、汤斌、汪琬、邱象随，二等李来泰、潘耒、沈珩、施闰章、米汉雯、黄与坚、李铠、徐釚、沈筠、周庆曾、尤侗、范必英、崔如岳、张鸿烈、方象瑛、李澄中、吴元龙、庞垲、毛奇龄、钱金甫、吴任臣、陈鸿绩、曹宜溥、毛升芳、曹禾、黎骞、高咏、龙燮、邵吴远、严绳孙等五十人入翰林，与右庶子卢琦等十六人为纂修。开局内东华门外。大规模之修史，盖始于此。自此至康熙末年，为《明史》纂修中期。《明史》之有相当成绩，实即此期努力之结果。今分三项述之：

按纂修《明史》开局内东华门外，鸿博入翰林，授官亦不同，如邵吴远以候补少卿改侍读，汤斌、李来泰、施闰章以监司，吴元龙以郎中改侍讲，进士彭孙遹中书舍人袁佑等授编修，贡举监生生员布衣倪灿等授检讨。见《池北偶谈》。

一、史料

《明史》第一难事，厥为史料之搜集。前此时主不急于汗青，有司多拘于忌讳，故求书三十年，而史馆无增蓄。至是欲借修史以牢笼人才，且欲尽知稗野触忤之面目，始诏官民进呈野史，勿论忌讳，量予赏赉。总裁叶方霭乃于史馆未开时，预请刻期购书，

《叶文敏集·请购书籍疏》：“前内阁同翰林院会题疏内，请令礼

部行文各直省督抚，不论官员士民，有收藏故明书籍者，不拘忌讳，俱送该地方官量加奖赏，奉有俞旨遵行在案。臣等窃虑地方官职务烦多，虽遵依部文，止于奉行故事，不能极力购求，而藏书之家，又吝惜不肯出献，稽迟日久，即使各州县间有呈送，不过以寻常见闻之书，充数塞白，终无稗于实用。今请敕部再行确议，或令直省督抚，责成该管学臣，或遣官专行采访，不独专载故明事迹，有稗史事，即如各郡县志书，及明代大臣名臣名儒文集传志，皆修史所必需，务令加意搜罗，以期必得。其藏书之家，或详计卷帙多寡，给值若干，或开注姓名送部，俟纂修完日，仍以原书给还；或有抄本书籍，官给雇值，遣人就其家誊写。总之朝廷曲示旁求，则人心倍加踊跃，奉行既有专责，则部檄不虑虚文。及今预行购取，待史馆开日，续送到馆，庶不致掘井于既渴之时，而结网于临渊之后矣。”

朱彝尊言于总裁，亦以聚书为史馆急务，

《曝书亭集·史馆上总裁第二书》：“史馆急务，莫先聚书。明之藏书，玉牒宝训，贮皇史宬，四方上于朝者，贮文渊阁。故事，刑部恤刑行人奉使还，必纳书于库，以是各有书目。而万历中辅臣谕大理寺副孙能传，中书舍人张萱等，校理遗籍，阁中故书，十亡六七；然地志具存，著于录者，尚三千余册。阁下试访之所司，请于朝，未必不可得。又同馆六十人，类皆勤学洽闻之士，俾各疏所有，捆载入都，储于邸舍，互相考索；然后开列馆中所未有之文集奏议图经传记，以及碑铭志碣之属，编为一目，或仿汉、唐、明之遣使，或牒京尹守道十四布政使司力为搜集，上之史馆。于以采撰编次，成一代之完书，不大愉快哉！”

臣下希旨献勤，四方藏书，颇有捆载入都者。然迄于成史，凡涉神宗末年边疆之书，民间终汰去不敢上。

戴名世《南山集·与余生书》：“前日翰林院购遗书于各州郡，书稍稍集。但自神宗晚节，事涉边疆者，民间汰去不以上；而史官所指名以购者，其外颇更有潜德幽光，稗官碑志纪传，出于史馆之所不及知者，皆不得以上，则亦无以成一代之全史，甚矣其难也！”

且《明史》基本史料，在实录与邸报，实录既难珠还，邸报又多增损。

顾炎武《亭林文集·与公肃甥书》：“忆昔时邸报，至崇祯十一年方有活板，自此以前，并是写本，而中秘所收，乃出涿州之献，岂无意为增损者乎？访问士大夫家，有当时旧钞，以俸薪别购一部，择其大关目处略一对勘，便可知矣。”又《与次耕书》：“自庚申至戊辰邸报，皆曾寓目，与后来刻本记载之书，殊不相同。”

而朱国桢之所钞，顾炎武之所藏，潘柽章之所聚，又俱随庄氏史狱而同归尘土。

《亭林文集·书吴、潘二子事》：“庄名廷鑨，其居邻故阁辅朱公国祯家。朱公尝取国事及公卿志状疏草，命胥钞录，凡数十帙，未成书而卒。廷鑨得之，则招致宾客，日夜编辑为《明书》。”又云：“二子（吴炎、潘柽章）所著书若干卷，未脱稿；又假余所蓄书千余卷，尽亡。”又《与次耕书》：“吾昔年所蓄史事之书，并为令兄（柽章）取去，令兄亡后，书既无存，吾亦不谈此事。”又《答徐甥公肃书》：“所藏史录奏状一二千本，悉为亡友借观，中郎被收，琴书俱尽。”潘耒《遂初堂集》，叙柽章《国史考异》云：“亡兄博极群书，长于考订，博访有明一代之书，以实录为纲领，若志乘，若文集，若墓铭家传，凡有关史事者，一切钞撮荟萃，以类相从。”又《叙松陵文献》云：“亡兄与吴先生（炎）草创《明史》，先作长编，聚一代之书而分划之。”

其以胜国遗献，见闻较切之著述，钞录入馆者，仅一黄宗羲，

黄秉垕《黄梨洲先生年谱》：“奉特旨，凡黄宗羲有所论著，及所

见闻有资《明史》者，着该地方官钞录来京，宣付史馆。李方伯士贞因招季子主一公至署，校勘如干册，使胥吏数十人缮写进呈。”全祖望《鲒埼亭集·梨洲先生神道碑文》：“盖自汉、唐以来大儒，惟刘向著述，强半登于班史，而公于二千年后起而继之。”

则凭藉之单弱可知矣。

二、史才

卢琦等十六人，因人成事，固不足与五十宏博分庭抗礼，而此五十人者，以诗赋膺荐，

《东华录》：康熙十八年三月丙申朔，试内外诸臣荐举博学鸿儒一百四十三人于体仁阁赐宴，试题，《璿玑玉衡赋》，《省耕诗》五言排律二十韵。

使之操笔石渠，亦不能全谓佳选。且处士难进易退，又龙钟老迈，十余年间，不禄者达三十人，其转升他职与史事完全脱离者，亦前后相望，

毛奇龄《西河合集·史馆兴辍录》：“自上开制科，以予辈五十人充《明史》馆官，而数年之间，即有告归者，有死者，有充试差者，有出使外国者，有作督学院使者，且有破格内升京堂，并外转藩臬及州府者。自康熙己未至辛未，在馆者不过一二人，余或升侍郎，或转阁学，或改通政使，全不与史事；而旧同馆官亦俱阑散，向之争进者，今亦告退，不惟史不得成，即史馆亦枵然无或至者。在五十人多处士，难进易退，且又老迈，十余年间，不禄者已三十人矣，第不知同馆多人，并不限数，何以一任其兴辍若此！”

此可知其与《明史》无甚深之因缘矣。后宏博而参史事者，则有鄞县布衣万斯同等。康熙十九年，徐元文、叶方霭又举姜宸英、万言、汪懋麟、曹溶、黄虞稷等与修《明史》。宸英籍慈溪，与秀水朱彝尊、无锡严绳孙称江南三布衣。方霭尝欲荐宸英应宏博不果；汪懋麟、曹溶、黄虞稷皆举宏博，以丁忧不与试。至是部议：姜宸英、万言应速行文该督抚移送；汪懋麟服满，以主事入馆修史；曹溶、黄虞稷服阕后牒送史馆。

康熙十九年二月《东华录》。

汪懋麟以刑部主事入史馆，充纂修官，讨论严密，撰述最多，见《清史列传》。黄宗羲《南雷文定》附录曹溶书，有“弟衰后始解读书，荟蕞末年事七八种，得之亲见，稍异剽闻，终苦双腕颓唐，不称颂飏之意，频思刺舴艋登著作之堂而请焉”等语。其修史关系不可考。

而黄宗羲子百家，亦于是年由徐元文延入史馆。

全祖望《梨洲先生神道碑文》：徐公延公子百家参史局，公以书答徐公戏之曰：“昔闻首阳山二老，托孤于尚父，遂得三年食薇，颜色不坏，今我遣子从公，可以置我矣。”

百家传家学，虞稷富藏书，宸英、言长于文；而言又“八年不调，专董其事”。

黄宗羲《南雷文定后集·万祖绳七十寿序》。

杭世骏跋万言《明鉴举要》云：“四明万季野先生伯兄祖绳先生之子管村先生言，康熙初（当作中），聘入史馆，纂修《明史》。因忤贵臣，出令五河，罢官论罪，其子西郭（承勋）狂走数千里，裒金论赎，乃得归乡里，穷年键户。编纂《明鉴举要》（《清史稿·万斯大传》作《明史举要》）一书。”其书凡五十卷，见萧穆《敬孚类稿》。

其忠于《明史》可想。然以成绩论，要不过与宏博中朱彝尊诸人相仿佛；其高瞻远瞩，足当史才之称而无愧者，则万斯同一人而已。斯同，宗羲弟子，康熙十八年，与兄子万言，应徐元文、叶方霭之征，入京修史，宗羲以《大事记》、《三史钞》授之，并作诗以送其行。

黄秉垕《黄梨洲先生年谱》。

黄宗羲《南雷诗历·送万季野贞一北上诗》："史局新开上苑中，一时名士走空同。是非难下神宗后，底本谁搜烈庙终。此世文章推婺女，定知忠义及韩通。凭君寄语书成日，纠谬还防在下风。""管村彩笔挂晴霓，季野观书决海堤。卅载绳床穿皂帽，一篷长水泊蓝溪。猗兰幽谷真难闭，人物京华谁与齐。不放河汾声价倒，太平有策莫轻题？""堂堂载笔尽能人，物色何缘到负薪。且莫一诗比老妇，应怜九衰有萱亲。重阳君渡芦沟水，双瀑吾披折角巾。莫道等闲今夜月，他年共忆此良辰。"

次年，言入馆而斯同固辞，请以布衣参史事，不署衔，不受俸，元文许之，遂主其家。诸纂修官以稿至，皆送斯同复审。

全祖望《万贞文先生传》："时史局中征士，许以七品俸称翰林院纂修官，学士欲援其例以授之，先生请以布衣参史局，不署衔，不受俸，总裁许之。诸纂修官以稿至，皆送先生覆审。先生阅毕，谓侍者曰：'取某书某卷某叶，有某事当补入；取某书某卷某叶，某事当参校。'侍者如言而至，无爽者。"

斯同自少能暗诵列朝实录；长游四方，又汲汲以考问往事，网罗放失为务，

方苞《望溪文集·万季野墓表》："吾少馆于某氏，其家有列朝实录，吾默识暗诵，未尝有一言一事之遗也。长游四方，就故家长老求遗书，考问往事，旁及郡志邑乘杂家志传之文，靡不网罗参伍，而要以实录为指归。"

盖抱遗山之志，而欲以修故国之史报故国者。元文亦深相倚重，在史馆中论事，尝以其言为折衷。

黄百家《万季野墓志铭》："监修徐元文在史局中论事，尝曰：'万先生之言如是！'一朝士曰：'万先生何人？'答曰：'季野。'又问：'季野何人？'元文怫然曰：'恶！焉有为荐绅而可不识万季野者！'"

及元文罢，而继任者又延主其家，专委一如元文。斯同以宾师自居，下笔不徇情。友人王源、刘继庄，弟子钱名世等，亦尝与斯同参订《明史》，然名世仅有文辞之助，而源、继庄皆恢奇人，非能屑意于此者。

陈康祺《郎潜纪闻》："先生在史局时，周旋诸贵人间，不肯稍自贬抑，其题刺则曰布衣万斯同，其会坐则摄衣登首席，岸然以宾师自居。故督师之姻人方居要津，请先生少宽假，先生噤不答。有运饷官遇贼，走死山谷，其孙怀白金请附《忠义传》后，先生曰：'将陈寿我乎？'斥去之。"王源四十余游京师，公卿皆降爵齿与之交。与鄞万斯同订《明史稿》。《兵志》，源所作也。见《清史列传》。又《居业堂集》有《与友人论韩林儿书》，友人即斯同。

全祖望《刘继庄传》："万隐君季野于书无所不读，乃最心折于继庄，引参《明史》馆事。"

杨椿《再上明鉴纲目馆总裁书》："王公延鄞县万君斯同，吾邑钱君名世于家，以史事委之。椿时年二十余，见万君作传，集书盈尺者四五，或八九不止，与钱君商榷，孰为是，孰为非，孰宜从，孰不宜从，孰可取一二，孰概不足取，商既定，钱君以文笔出之。"又全祖望《万贞文先生传》："先生在京邸，携书数十万卷，及卒，旁无亲属，钱翰林名世，以弟子故衰绖为丧主，取其书去，论者薄之。"

阮葵生《茶余客话》："初修《明史》之时，徐东海延万季野斯同至京主其事。时万老矣，两目尽废，而胸中罗全史，信口衍说，贯串成章。时钱亮工尚未达，亦东海门下士，才思敏捷，授而籍之。昼则征逐朋酒，夕则晋接津要，夜半始归室中，季野踞高足床上坐，钱就炕几前执笔，季野随问随答，如瓶泻水，钱据纸疾书，笔不停缀，十行并下，略无罅漏。史稿之成，虽经史官数十人手，而万与钱实尸之。噫，万以老诸生系国史绝续之寄，洵非偶然，钱虽宵人，而其才亦不可及矣。”

惟斯同以一生所学，鞠躬其事，历二十余年，不居纂修之名，隐操总裁之炳，宗羲诗，有“四方声价归明水，一代贤奸托布衣”之句。

《南雷诗历·送万季野北上》诗云：“三叠湖头入帝畿，十年乌背日光飞。四方声价归明水，一代贤奸托布衣。良夜剧谈红烛跋，名园晓色牡丹旂。不知后会期何日？老泪纵横未肯稀。”

盖实录也。**若宗羲、顾炎武等，身系一代掌故，宛转自远，不拜新朝之命，**

《清实录》、《东华录》：康熙十九年二月，吏部遵旨议覆，内阁学士兼修《明史》徐元文奏，纂修《明史》，宜举遗献，请将扬州府前明科臣李清，绍兴府名儒黄宗羲延致来京；如果老病不能就道，令该有司就家录所著书送馆。从之。

《鲒埼亭集·梨洲先生神道碑文》：“康熙戊午，诏征博学鸿儒，掌院学士叶方蔼先以诗寄公，从臾就道，公次其韵，勉其承庄渠魏氏之绝学，而告以不出之意。叶公商于公门人陈庶常锡嘏，曰：‘是将使先生为叠山九灵之杀身也！’而叶公已面奏御前，锡嘏闻之大惊，再往辞，叶公乃止。未几，又有诏以叶公与同院学士徐公元文监修《明史》，徐公以为公非能召使就试者，然或可聘之修史。乃与前大理寺评事兴化李公同征，诏督抚以礼敦遣。公以母既髦期，己亦老病为辞，叶公知必不可致，因请诏下浙中督抚，抄公所著书关史事者送入京。庚午，刑部尚书徐公乾学，因侍直，上访及遗献，复以公对，上曰：‘可召之京，朕不授以事，如欲归，当遣官送之。’徐公对以笃老恐无来意，上因叹得人之难如此。”

又《亭林先生神道碑》：“方大学士孝感熊公之自任史事也，以书招先生为助，答曰：‘愿以一死谢公，最下则逃之世外。’孝感惧而止。徐尚书乾学兄弟甥也，当其未遇，先生振其乏，至是鼎贵，为东南人士宗，四方从之者如云，累书迎先生南归，愿以别业居之，且为买田以养，皆不至。或叩之，答曰：‘昔岁孤生，飘摇风雨，今兹亲串，崛起云霄，思归尼父之辕，恐近伯鸾之灶；且天仍梦梦，世尚滔滔，犹吾大夫，未见君子，徘徊渭川，以毕余年足矣。’”

《亭林文集·与叶讱庵书》：“去冬韩元少书来，言曾欲与执事荐及鄙人，已而中止。顷闻史局中复有物色及之者。无论昏耄之资，不能黾勉从事，而执事同里人也，一生怀抱，敢不直陈之左右！先妣未嫁过门，养姑抱嗣，为吴中第一奇节，蒙朝廷旌表，国亡绝粒，以女子而蹈首阳之烈，临终遗命，有无仕异代之言，载于志状，故人人可出，而炎武必不可出。七十老翁何所求，正欠一死，若必相逼，则以身殉之矣！”又《答次耕书》：“辛亥之夏，孝感特柬相招，欲吾佐之修史，我答以果有此命，非死则逃，原一在坐与闻，都人士亦颇有传之者，耿耿此心，终始不变，幸以此语白之知交。”

此在遗老为应有之风节，但《明史》失此数人，未始非极大损失；彼钱谦益所撰之《明史》，绛云一火，只字不存，则固不必引为遗恨耳。

查慎行《人海记》：“钱蒙叟撰《明史》二百五十卷，辛卯九月晦甫毕。越后日，绛云楼火作，见朱人无数出入烟焰中，只字不存。”

三、体例之订定及编纂之方法

《明史》纂修，自顺治二年至康熙十八年间，初无体例之订定。

宏博入馆，纷纷呈稿，亦无人注意及此。朱彝尊因以明三百年创见之事，略举梗概，上书总裁，谓体例本乎时宜，不相沿袭，请先定例发凡，为秉笔者典式。

《曝书亭集·史馆上总裁第一书》："明三百年事有创见者：建文之逊国革除，长陵之靖难，裕陵之夺门，宜何以书？跻兴献王于庙，存之则为无统，去之则没其实，宜何以书？志河渠者，前史第载通塞利害而已，明则必兼漕运言之，而又有江防海防御倭之术，宜何以书？志刑法者，前史第陈律令格式而已，明则必兼厂卫诏狱廷杖晰之，宜何以书？若夫志地理则安南之郡县，朵颜之三卫，曾入图版，旋复弃之；又藩封之建置，卫所之参错，宜何以书？至于土司之承袭，顺者有勤王之举，反侧者兴征讨之师，入之地志则不能详其事，入之官制则不能著其人，宜何以书？又魏、定、黔、成、英、临淮诸国，衍圣一公，咸与明相终始，则世家不可不立；惟是张道陵之后，靦颜受世禄，奉朝议，于义何居！然竟置不录，难乎免于阙漏，宜何以书？盖作史者必先定其例，发其凡，而后一代之事，可无纰缪。"

于是徐元文兄弟先后成《修史条议》，

徐乾学《憺园文集·修史条议序》："《明史》开局，院长叶公，属同舍弟中允（秉义）预纂修之役，时舍弟都御史（元文）为监修，辞于院长，弗允，因日夜搜罗群书，考究有明一代史乘之得失。随笔纪录，以示同馆诸公。未几，中允以疾去，叶公下世，某被命同学士陈（廷敬）、张（玉书）二公，侍读学士孙公（在丰）、汤公（斌）暨门人王庶子（鸿绪）为总裁官，而舍弟罢柏府之职，留领史事。益以向所讨论者，详为商榷，得六十一条，存之馆中，庶几相与整齐慎核，以成一代之信史，无负皇上简命而已。"

王鸿绪继之，成《史例议》，虽其间有行有不行，所行者又有载有不载，而《明史》体例，以此为两大骨干，则无可疑。汤斌之《明史凡

例议》，及《本纪条例》，虽寥寥数条，亦颇有发明。其余考核一纪一传一志之书法得失者，馆内则如朱彝尊之论《文皇帝纪》(《史馆上总裁第四书》)，毛奇龄之论《梁储传》等。(《西河合集·奉史馆总裁札子》)

馆外则如黄宗羲、吕留良之论《历志》，

《南雷文定·答万贞一论明史历志书》、《用晦集·答谷宗师论历志书》。

按宗羲虽不赴征书，而史局大案必咨之，其所辨论，史局常依之资笔削焉。详全祖望《梨洲先生神道碑文》。

王源之论王威宁、韩林儿等，

《居业堂集·与徐立斋学士论王威宁书》、《与友人论韩林儿书》。

亦数见不鲜。而道学一传，尤为当时争执之焦点：此议见于徐元文兄弟之《修史条议》，

条议中论理学传者凡四款：

一、明朝讲学者最多，成、弘以后，指归各别，今宜如《宋史》例，以程、朱一派，另立《理学传》，如薛敬轩、曹月川、吴康斋、陈剩夫、胡敬斋、周小泉、章枫山、吕泾野、罗整庵、魏庄渠、顾泾阳、高景逸、冯少墟凡十余人外，如陈克庵、张东白、罗一峰、周翠渠、张甬川、杨止庵其学亦宗程、朱，而论说不传，且别有建竖，亦不必入。

二、白沙、阳明、甘泉宗旨不同，其后王、湛弟子，又各立门户，要皆未合于程、朱者也，宜如《宋史》象山、慈湖例入《儒林传》。白沙门人，湛甘泉、贺医闾、陈孝廉其表表者，庄定山为白沙友人，学亦相似。王门弟子，江右为盛，如邹东廓、欧阳南野、安福四刘二魏，在他省则二孟，皆卓越一时。罗念庵本非阳明弟子，其学术颇似白沙，与王甚别。许敬庵虽渊源王、湛，而体验切实，再传至刘念台，益归平正，殆与高、顾契合矣。阳明、念台，功名既盛，宜入名卿列传，其余总归《儒林》。

三、阳明生于浙东，而浙东学派，最多流弊，王龙溪辈皆信心自得，不加防检；至泰州王心斋隐怪尤甚，并不必立传，附见于江西诸儒之后可也。

四、凡载《理学传》中者，岂必皆胜《儒林》，《宋史》程、朱门人，亦多有不如象山者，特学术源流，宜归一是，学程、朱者为切实平正，不至流弊耳。阳明之说，善学则为江西诸儒，不善学则为龙溪心斋之徒；一再传而后，若罗近溪、周海门之狂禅，颜山农、何心隐之邪僻，固由弟子寖失师传，然使程、朱门人，必不至此。

彭孙遹亦有请照《宋史》例将明儒学术醇正，与程、朱吻合者，编为《道学传》之奏（《松桂堂集》），馆臣以学统所关，龃龉颇久，且因是竟置诸传于不问。（见毛奇龄《奉史馆总裁札子》）

及黄宗羲移书史馆，驳诘徐议，并斥《宋史》立《道学传》为元人之陋，《明史》不当仍其例，

《南雷文定·移史馆论不宜立理学传书》，先将徐议四款，逐款驳辨，后言“统天地人曰儒，以鲁国而止儒一人，儒之名目，原自不轻。儒者成德之名，犹之曰贤曰圣也；道学者以道为学，未成乎名也，犹之曰志于道，志道可以为名乎？欲重而反轻，称名而背义，此元人之陋也”云云。

朱彝尊亦适有此议，

《史馆上总裁第五书》：“元修《宋史》，始以《儒林》、《道学》析而为两：言经术者入之《儒林》，言性理者，别之为《道学》；又以同乎洛、闽者进之《道学》，异者置之《儒林》。其意若以经术为粗，而性理为密，朱子为正学，而杨、陆为歧途，默寓轩轾进退予夺之权，比于《春秋》之义。然六经者，治世之大法，致君尧舜之术，不外是焉，学者从而修明之，传心之要，会极之理，范围曲成之道，未尝不备，故《儒林》足以包《道学》，《道学》不可以统《儒林》。”

汤斌遂出宗羲书示众而去其目（《梨洲先生神道碑文》），盖汤斌亦不以立《道学传》为然者。

斌有与黄宗羲书，谓“读论《理学传》书，辩论精详，至当不易，与鄙见字字相合。四年以来，与同事诸公谆谆言之，主持此事者，皆当代巨公名贤，弟生长僻陋之乡，学识不足动人，争之不得，今得先生大篇，益自信所见之不谬矣。此何等事，而以私见行之，可怪也”云云，见《南雷文定》附录。《汤子遗书》不载。

王士祯《池北偶谈》：“王文成公为明第一流人物，立德立功立言，皆踞绝顶。康熙中开《明史》馆，秉笔者訾謷太甚，亡友叶文敏方霭时为总裁，予与之辨论反复，至于再四。二十二年四月，上宣谕汤侍读荆岘，令进所著诗文，且蒙召对。中有《王守仁论》一篇，上阅之，问汤意云何？汤因对以守仁‘致良知’之说，与朱子不相剌谬，且言守仁直节丰功，不独理学。上首肯曰：‘朕意亦如此。’睿鉴公明，远出流俗之外，史馆从此其有定论乎？”

若张烈、陆陇其之反对立《道学传》，与徐元文等之主张立《道学传》，其目的皆在排击王学，

张烈著《王学质疑》，丑诋阳明，著《读史质疑》，反对立《道学传》，陆陇其极称道之。陇其有《答徐健庵先生书》：“尊道学于儒林之上，所以定儒之宗，归道学于儒林之内，所以正儒之实，《宋史》、《明史》相为表里，不亦可乎！至以诸儒之学言之：薛、胡固无间然矣。整庵之学，虽不无小疵，不能掩其大醇，其论理气处可议，其辟阳明处不可议。薛、胡而下，首推整庵，无可疑者。仲木、少墟、泾阳、景逸，守道之笃，卫道之严，固不待言，然其精纯恐皆未及薛、胡。景逸、泾阳病痛尤多，其于阳明，虽毅然辟之，不少假借，然充其实，则有未能尽脱其藩篱者。故其大节彪炳，诚可廉顽立懦，而谓其直接程、朱，则恐未也。”见《三鱼堂集》。

修史而出以门户私见，固不足与言史法矣。大抵《明史》所创新例：在纪则分英宗为前后两纪，在志则有《历志》之增图，《艺文志》之断代，在表则有《七卿》，在传则有《阉党》、《土司》等，

钱大昕《十驾斋养新录》：“其例有创前史所未有者：如英宗实录，附景泰七年事，称郕戾王，而削其帝号，此当时史臣曲笔，今分英宗为前后两纪而列《景帝纪》于中，斟酌最为尽善。表之有《七卿》，盖取《汉书·公卿表》之意，明时阁部并重，虽有九卿之名，而通政、大理，非政本所关，则略之；南京九卿，亦闲局，无庸表也。阉党前代所无，较之奸臣佞幸，又下一格，特书以儆人臣，土司判服不常，既不可列于外国，又不可厕于列传，故皆别而出之，石砫秦良玉以妇人而列武臣之传，嘉其义切勤王，不以寻常土司例之也。”

《四库总目·明史提要》：“其间诸志一从旧例，而稍变其例者二：《历志》增以图，以历生于数，数生算，算法之句股面线，今密于古，非图则分判不明；《艺文志》惟载明人著述，而前史著录者不载，其例始于宋孝王《关中风俗传》，刘知几《史通》又反覆申明，于义为允。唐以来弗能用，今用之也。表从旧例者四，曰《诸王》，曰《功臣》，曰《外戚》，曰《宰辅》；创新例者一曰《七卿》，盖明废左右丞相，而分其政于六部，而都察院纠核百司，为任亦重，故合而七也。列传从旧例者十三，创新例者三：曰《阉党》，曰《流贼》，曰《土司》，盖貂珰之祸，虽汉、唐以下皆有，而士大夫趋势附膻，则惟明人为最夥，其流毒天下亦至酷，别为一传，所以著乱亡之源，不但示斧钺之诛也。闯、献二寇，至于亡明，剿抚之失，足为炯鉴，非他小丑之比，亦非割据群雄之比，故别立之。至于土司，古所谓羁縻州也，不内不外，衅隙易萌，大抵多建置于元而滋蔓于明，控驭之道，与牧民殊，与御敌国又殊，故自为一类焉。”

邵晋涵《南江文钞·明史提要》：“廷玉等据王鸿绪之史稿，重事排纂，综核异同，语必征实，平情论事，不参以意见之私，发凡起例，亦能酌前史而得其宜。《历志》申明郭守敬之法，而兼及徐光启所修历书，盖光启之书虽未行，而会通中西之历，所以垂法也。《艺文志》只载明人之著作，而不考古书存亡之原委，以明代秘书尽亡，无从取征也。列七卿于表，以明初分政权于六卿，而以都察院稽其实，一代之纲纪系焉。次于宰辅表后，重其任也。自永乐始任中官，至正统、成化、正德、天启而阉宦之祸烈矣；然非群小附之，势尚未炽，正德以后，交结近侍者实繁有徒，创立《阉党传》，所以穷其丑类也。土司向背靡常，兴师命帅，旋扑旋滋，与明代相终始，创立《土司传》，见绥辑之无远略也。”

皆极有斟酌，具见切要。惟《艺文志》不载前代书籍，全祖望颇病之，以为古今四部存亡，无可资以考校（见《鲒埼亭集外编·移明史馆帖子一》），然著述浩浩，愈后愈增，考亡证佚，当俟专书，必欲责全史志，转恐贻讥罣漏。至于诸传先后分合之得法，赵翼、潘永季在札记中论之颇详，

《廿二史札记》：“自魏收、李延寿以子孙附其祖父，宋子京以为简要，其实转滋瞀惑。《明史》立传，则各随时代之先后，除徐达、常遇春等子孙，即附本传，此仿《史记》、《汉书》之例，以叙功臣世次，杨洪、李成梁等子孙，亦附本传，则以其家世为将，此又是一例。至祖父子孙，各有大事可记者，则各自为传，其无大事可记者，始以父附子，以子附父。其他如徐寿辉僭号称帝，应列群雄传，而以其不久为陈友谅所杀，则并入友谅传，而寿辉不另传；姚广孝非武臣，而以其为永乐功臣之首，则与张玉、朱能等同卷；黄福、陈洽等皆文臣，柳升、王通等皆武臣，而以其同事安南，则文武同卷；秦良玉本女土司，而以其曾官总兵，有战功，则与诸将同卷；李孜省、陶仲文各擅技术，应入《方技传》，而以其藉此邀宠，则另入《佞幸传》，此皆排次之得当者也。自《宋史》数人共事者，必各立一传，而传中又不彼此互见，一若各为一事者，《明史》则数十人共一事者，举一人立传，而同事者即各附一小传，于此人传后，即同事者另有专传，而此一事不复详叙，但云语在某人传中，否则传一人而兼叙同事者；甚至熊廷弼、王化贞一主战，一主守，意见不同也，而事相涉，则化贞不另传，而并入廷弼传内，袁崇焕、毛文龙一经略，一岛帅，官职不同也，而事相涉，则文龙不另传，而并入崇焕传内，此又编纂之得当也。而其尤简而括者，莫如附传之例，末造殉难者，附传尤多，以及《忠义》、《文苑》等，莫不皆然。又《孝义传》既按其尤异者各为立传，而其他曾经旌表者数十百人，则一一见其氏名于传序内；又如正德中谏南巡罚跪午门杖谪者一百四十余人，嘉靖中伏阙争大礼者亦一百四五十人，皆一一载其姓名，盖人各一传，则不胜传，而概删之，则尽归泯灭，惟此法不至卷帙浩繁，而诸人名姓，仍得见于正史，此正修史者之苦心也。”按翼所论诸传之分合，多出王鸿绪《明史稿》，然亦有出张廷玉等之手者。

潘永季《读明史札记》：“前史自《汉书》而后，多以宗室诸王，分各朝界限。益既类叙于后妃之次，则每朝以宰辅先之。扩廓以前，列传之首也。徐达而下，为太祖之世，齐泰而下，为惠帝之世；而成祖、仁、宣则自姚广孝、解缙而下，英宗、景、宪，则自曹鼐、陈循而下，孝、武自徐溥而下，世、穆自杨廷和而下，神、光自徐阶而下，熹宗自叶向高而下，庄烈帝自李标而下，福王以后，自史可法而下，如联营列戟，而部分不殽。以至卿贰言官，藩臣武将，校短量长，各从其类。又如张辅等之于交址也，何鉴、杨鹤等之于流贼也，毛澄、杨慎等之于大礼也，朱纨等之于倭寇也，桑乔等之论分宜，刘台等之论江陵也，姜应麟等之于国本，杨镐等之于辽事也，一卷之中，备见首尾。又如《儒林》第一卷为程、朱之学，第二卷为江门、姚江之学，第三卷则附以圣贤后裔；《文苑》、《忠义》、《宦官》、《外戚》，或以事类，或以时世，或以疆域，皆灿然秩然，有别有序，庶几乎体大而思精矣。”

要非溢美之誉。其余可议处固多，然即此差强人意之成绩，亦不能不归功于万斯同，盖《明史》体例，既以徐元文兄弟及王鸿绪二议为两大骨干，斯同固受徐氏、王氏之专委者，当发凡起例时，其大部分必为斯同所主张，而馆臣意见之贡献，亦可想其泰半取决于斯同。斯同尝述其修史之方法曰："凡实录之难详者，吾以他书证之，他书之诬且滥者，吾以所得于实录者裁之。"（方苞《万季野墓表》）而徐氏《条议》亦曰："诸书有同异者，证之以实录，实录有疏漏纰缪者，又参考诸书，集众家以成一是，所谓博而知要也。"斯同修史重专家。

方苞《万季野墓表》："昔迁、固才既杰出，而又承父学，故事信言文，其后专家之书，才虽不逮，犹未至如官修者之杂乱也。譬如入人之室，始而周其堂寝匽湢焉，继而知其蓄产礼俗焉，久之其男女少长性质刚柔轻重贤愚，无不习察，然后可制其家之事也。官修之史，仓卒而成于众人，不暇择其材之宜与事之习，是犹招市人而与谋室中之事耳。"

而王氏《例议》亦力言分纂之弊。

《史例议上》："《明史》初纂时，将志纪传各人分开，或一人撰一纪，或一人撰一志，或一人撰数传，分纂者各务博采，重见叠出，绝少裁断。昔宋修《唐书》，欧阳修撰纪志表，宋祁撰列传，刘羲叟撰《天文》、《律历》、《五行志》，梅尧臣纂《方镇》、《百官表》，王景彝撰《礼仪》、《兵志》，以数公之才学，经十有七年而成，前人犹谓责任不专，所主各异，纪有失而传不知，传有误而纪不见，取彼例以较此例则不同，取前传以比后传则不合，去取未明，书法无准。噫，后之君子，其纠《明史》之谬，吾不知其凡几矣！"

此二事虽非指某种体例而言，但即此以观，亦足证徐、王二议中，固有万氏不少之残膏剩馥耳。又顾炎武恐在时主监视之下，史臣以曲笔湮没是非，但请粗具草稿，若刘昫《旧唐书》之比，存两造异

同之论，以待后人自定。

《亭林文集·与公肃甥书》："窃意此番纂述，止可以邸报为本，粗具草稿，以待后人，如刘昫之《旧唐书》可也。"又曰："今日作书，正是刘昫之比，而诸公多引洪武初修《元史》故事，不知诸史之中，《元史》最劣，以其旬月而就，故舛谬特多，然此汉人作蒙古人传，今日汉人作汉人传，定不至此；惟是奏章是非同异之论，两造并存，而自外所闻，别用传疑之例，庶乎得之。"又《与次耕书》："今之修史者，大段当以邸报为主，两造异同之论，一切存之，无轻删抹，而微其论断之辞，以待后人之自定，斯得之矣。"

此则故国遗臣之别有怀抱，非可与参讨体例者同日语已。

至于《明史》编纂之方法，在十八年以后，亦略有可述：其时纂修雾会，珥笔待撰，工作之分配，不容或缓，于是以五十宏博为主体，析为五组，先编洪武至正德间事，由总裁与诸纂修酌定阄派，后又分嘉、隆、万为一编，则错综其姓氏而阄派如前。

尤侗《西堂全集·明史拟稿叙》。

但此法在实际上非能完全应用，以五十宏博，既少与史馆有长时间之关系，而宏博中实能依题起草，及时完卷者，亦不多见，则随时必有所出入可知。例如汤斌拟稿二十卷，施闰章七卷，尤侗三百余篇，汪琬百七十五篇，此多寡之不同也。汤斌撰《太祖本纪》，徐嘉炎撰《惠帝本纪》，朱彝尊撰《成祖本纪》，吴任臣撰《天文》、《五行》、《历志》，潘耒撰《食货志》，尤侗撰《艺文志》，汪琬撰《后妃》、《诸王》、《开国功臣传》，曹禾撰《靖难十六功臣传》，毛奇龄撰《流贼》、《土司》、《外国传》，乔莱撰《儒林传》，严绳孙撰《隐逸传》，张烈撰刘健、李东阳、王守仁、秦竑、李成梁、金铉、史可法诸传，徐釚撰俞、戚、刘、马诸传，此皆出之宏博而为人所称述者。

但如徐乾学之撰《地理志》，姜宸英之撰《刑法志》，王源之撰

《兵志》，徐潮之撰《忠义传》，金德嘉之撰《文苑传》，则非宏博而分任要题矣。

按姜宸英之《刑法志》，极为当时所推服。王士祯《古夫于亭杂录》："亡友姜编修西溟未第时，以荐举入《明史》馆，分纂《刑法志》，极言明三百年诏狱廷杖立枷东西厂卫缇骑之害，其文痛切淋漓，不减司马子长。"

又如《天文志》，则吴任臣撰之，黄百家又撰之；《历志》则吴、黄而外，汤斌、梅文鼎亦致力焉；

其参订增补者，尚有徐善、刘献廷、杨文言、黄宗羲等。

按梅文鼎《勿庵历算书目·历志赘言提要》云："康熙己未，愚山侍讲奉命纂修《明史》，寄书相讯，欲余为《历志》属稿，因作《历志赘言》寄之。大意言明用大统，实即授时，宜于《元史》阙载之事详之，以补其未备。又回回历承用三百年，法宜备书。又郑世子历学，已经进呈，亦宜详述。他如袁黄之《历法新书》，唐顺之、周述学之《会通回历》，以庚午元历之例例之，皆得附录。其西洋历方今现行。然崇祯朝徐、李（指徐光启、李天经）诸公测验改宪之功，不可没也，亦宜备载缘起。盖《历志》大纲，略尽于此。一二年后，担簦入都，承史局诸公以《历志》见商，始见汤潜庵先生所裁定吴志伊之稿，大意多与鼎同，然不知其曾见余所寄愚山《赘言》与否？"又《明史历志拟稿提要》云："《明史·历志》属稿者，简讨钱唐吴志伊任臣，总裁者，中丞汤潜庵先生斌也。潜庵殁后，史事总属昆山。志稿经嘉禾徐敬可善、北平刘继庄献廷、毘陵杨道声文言诸君子各有增定，最后以属山阴（当作余姚）黄梨洲先生宗羲。岁己巳，鼎在都门，昆山以志稿见属，谨摘讹舛五十余处，粘签俟酌，欲候黄处稿本到齐属笔，而昆山谢事矣。无何，梨洲季子主一百家从余问历法，乃知鼎前所摘商者即黄稿也。于是主一方受局中诸公之请，而以授时表缺，商之于余，余出所携《历草通轨》补之。然写本多误，凡篝灯不寝者两月，始知此事之不易也。”据此，吴任臣、汤斌或未见梅文鼎《历志赘言》，而对黄稿有纠舛正讹之劳，可以概见。其补授时表，则《明史·历志》中固著其名矣。

又按《汤子遗书·题明史事疏》：“臣与吏部侍郎臣陈廷敬等公议，以《明史》事体重大，卷帙浩繁，其纂修草藁已完者，先分任专阅，后再互加校订，臣分任《天文志》、《历志》、《五行志》，及正统、景泰、天顺、成化、弘治五朝列传，已经删改《天文志》九卷，《历志》十二卷，列传三十五卷。”今遗书中仅载《历志》，不载《天文志》，则于《历志》必尝致力，非仅如《天文志》之删改人稿而已。

《五行志》则吴任臣撰之，倪灿又续撰之；《艺文志》则尤侗撰之，倪灿撰之，黄虞稷又撰之，是同一志目而多人任之矣。

以上多据《碑传集》及《清史列传》。

徐潮撰《忠义传》三十四篇，载中州某君赍呈教育部之《明史稿》中。

又如《王守仁传》，尤侗初阄得之，而张烈又以《王传》夸其是非之不爽。

见毛奇龄《折客辨学文》，及陆陇其《王学质疑后序》。

则同一传目而两人任之矣。又如毛奇龄撰顺、成、弘、正四朝《后妃传》（《胜朝彤史拾遗记·自序》）。

汤斌撰高、文、昭、章、睿、景、纯七朝《后妃传》（《汤子遗书·拟明史稿》），则同为《后妃传》，而顺、成二朝复出矣。大抵史馆分题，阄派与专委兼施，文人刊集，官撰与私著并留，故某志不必属宏博，而某传不必备采择，叠床架屋，良由于此。又其编纂人手之法，监修徐元文、总裁叶方蔼从朱彝尊议，先编草卷为笔削之资。

《史馆上总裁第三书》：“伏惟阁下幸勿萌欲速之念，当以五年为期，亟止同馆勿遽呈稿，先就馆中所有群书，俾纂修官条分而缕析，瓜区而芋畴，事各一门，人各一册，俟四方书至，以类相从续之，少者扶寸，多者盈丈，立为草卷，而后妙选馆中之才，运以文笔删削，卷成一篇，呈之阁下，择其善者用之，或事有未信，文有未工，则阁下点定，斯可以无憾矣。”

馆臣颇有行此者，如潘耒撰《食货志》，自洪武至万历朝实录之有关食货者，共钞六十余本，密行细字，每本多至四十余纸，少亦二十余纸，他纂尚不在是；又如馆臣钞严嵩、张居正、周延儒事各五百余页，魏忠贤事千有余页（杨椿《上明鉴纲目馆总裁书》），其搜辑之勤，亦有足述者。然此不过就少数努力之馆臣而言，即潘耒之通纂实录，亦貌《食货志》之难修而自动出此，观其言借书纂书钞书之苦，

《遂初堂集·上某总裁书》：“智识短浅，职任纷杂，身兼三馆，强半在署，篝灯搦管，常至夜分，兼之家无藏书，转展借觅，此有彼无，缀残补缺，此借书之苦也。节略文句，标识首尾，条分件系，万绪千头，此纂书之苦也。雇募手力，倩乞亲友，日不数纸，月不数卷，此钞书之苦也。”

则固非不学之翰苑所堪任，亦非笃老之宏博所愿任矣。崇祯朝无实录，编纂尤难措手，总裁从汪楫议，选馆臣六人，先纂长编，倪灿、乔莱俱参斯事，而万言又以独力别成《崇祯长编》一书，由是崇祯一朝，史料差备，其崇祯朝死事诸臣，在长编未成时，许馆臣任意搜讨，不拘分限题目，以防湮没。（毛奇龄《史馆札子》）《明史》中期编纂之状况，大较如是。

考唐以后官修诸史，成于众手，监修大臣，著名简端，实无与于史事，读史者亦不以史之美恶归之，而《明史》则有总裁之攘窃人美，冒为专家。又前代修史，时主多视为奉行故事，不甚措意，即《晋书》称唐太宗御撰，亦不过欲以几卷帝王宸翰，与学者争一日之

短长，初无其他作用，而《明史》则有时主之明加督责，隐寓箝制。此皆《明史》特点，述之以为中期编纂之结束。

一、总裁之攘窃

自康熙十八年后，监修总裁，屡易其人，二十一年，命汤斌、徐乾学、王鸿绪等为总裁，李蔚为监修总裁。二十三年，徐元文罢都御史职，专领监修。二十五年，命王熙、张玉书为监修，陈廷敬、张英为总裁，王鸿绪以治母丧回籍，旋复召任总裁。二十六年，鸿绪丁父忧回籍。二十九年，徐元文以旧大学士仍领史事。三十一年，陈廷敬丁父忧回籍。三十三年，王鸿绪以王熙、张玉书荐，与陈廷敬复召任总裁，张玉书、熊赐履为监修。综计十余年间，汉臣之受任总裁者，已在十人以上，而满臣之充斯职者犹不与焉。盖其时《明史》总裁，多参加实际工作，故以职务去留关系，动辄改委。其间徐元文、叶方霭、张玉书，受命于中期开馆之初，荜路蓝缕，固具相当之劳绩；而汤斌、徐乾学（此二人本由纂修而任总裁者）。陈廷敬、熊赐履等，亦皆有一部分之效力，与他史之仅以大臣尸名史事者不同。然四十年后，总裁不复委人，任事最久之王鸿绪目睹同馆凋谢，史事阑珊，遂生攘窃他人成稿之奸心。其第一次五十三年以二百五卷之传稿进呈时：

《横云山人集》康熙五十三年进呈《明史列传稿》疏："自蒙恩归田，欲图报称，稍尽臣职，因重理旧编，搜残补阙，荟萃其全，复经五载，始得告竣，共大小列传二百五卷，其间是非邪正，悉据已成之公论，不敢稍任私心臆见，臣本乏文采，第以祗承简命，前后三十余年，幸遘昌期，不辞芜陋，谨缮写列传全稿，装成六套，令臣子现任户部四川司员外郎臣王图炜恭赍进呈御览，复冀万几余暇，特赐省观，并宣付史馆，以备参考。"

主编是稿之万斯同，下世且十二年，

斯同于康熙四十一年，卒于王鸿绪京寓中。方苞《梅征君墓表》谓“季野卒于浙东”，误。

旧任之总裁监修，亦无一人存者，

叶方霭卒于康熙二十一年，李蔚卒于二十三年，汤斌卒于二十六年，徐元文卒于三十年，徐乾学卒于三十三年，王熙卒于四十二年，张英卒于四十七年，熊赐履卒于四十八年，张玉书卒于五十年，陈廷敬卒于五十一年。

已不必顾及指摘；至第二次雍正元年以三百十卷之纪志表传全稿进呈时，

《横云山人集》雍正元年进呈《明史稿》疏：“计自简任总裁，阅历四十二年，或笔削乎旧文，或补缀其未备，或就正于明季之老儒，或咨访于当代之博雅，要以恪遵敕旨，务出至公，不敢无据而作，今合订纪志表传共三百零十卷，谨录呈御览。”

则岁月愈邈，公然以多人心血之结晶，归诸一己之笔削而无所忌惮矣。先是斯同馆徐元文家，为元文核定《明史》，历十二年而史稿粗就，凡四百十六卷，

杨椿《再上明鉴纲目馆总裁书》。又《碑传集》徐元文行状：“甲子（二十三年）二月，有旨留公专领监修，明史局置已五年，而书未成，公既不与政，专修史事，据国史参诸家之说，手自编辑，客有熟于前朝掌故者，延致商榷，积年成纪传十之六七。”又徐乾学《憺园集·条陈明史事宜疏》：“撰成纪传十已六七，谨先缮写本纪七卷，列传十五卷，恭呈御览。”按客即万斯同，乾学之稿，即元文之稿。杨书又有删改元文志表之语，则徐稿固不仅纪传矣。

时在康熙三十年。三十三年，王鸿绪、陈廷敬等复召任总裁，公议分类修史，张玉书为监修，以尝任总裁，分任志书，廷敬任本纪，鸿绪任列传，就徐稿加以整理。斯同遂移馆鸿绪家，为鸿绪重订列传，合者分之，分者合之，无者增之，有者去之，钱名世俱详注其故于目下。

杨椿《再上明鉴纲目馆总裁书》。

按方苞《杂文·明史无任邱李少师传》："康熙辛未，（三十一年）余始至京师，华亭王司农承修《明史》，四明万季野馆焉。"则斯同移馆鸿绪家，似在康熙三十一年，即徐元文卒后之次年。然鸿绪于康熙二十六年丁忧回籍，二十八年服满未赴补，即被劾休致，三十三年始以荐由籍来京修书（《清史稿》本传），故知馆鸿绪家在是年。辛未云云，方盖仅指其始至京师之年，而不与鸿绪修史之年相联也。

又按斯同馆鸿绪家，曾一度拟招李塨同修《明史》，塨不果往。李塨《恕谷后集·万季野小传》："时季野修《明史》，纪传成，尚缺表志无助者。从臾王尚书来拜，意招予同修《明史》，予辞谢不愿也。无何，季野卒，予亦不往尚书家，事遂寝。"

渐扩至四百六十卷，

见方苞《万季野墓表》，全祖望《万贞文先生传》作五百卷。

按萧穆《敬孚类稿》云："余既与缪筱珊（荃孙）太史谈论《永乐大典》原委，又以前闻万季野《明史》原稿尚在故镇江府知府王可庄（仁堪）太守家，惜不得借与王氏横云山人刊本校其同异。筱珊云，'诚然，盖王氏尝与兴化李清友善，李所交多明季魏党一流人物（李为阉党李思诚之子），所言多回护阉，万氏则无此矣'云云，记以俟考。"似万氏《明史》原稿尚在人间。又按中州某君赍呈教育部之《明史稿》十二册，签题为□□野《明史稿》原本，封面有题记一段，某君谓系季野先生长子万焜所书，翁方纲有诗及跋，丁杰亦有跋，各册首页多有季野朱文长方小印。柳翼谋先生谓"翁、丁之跋皆伪，非可遽断为万先生书，然不问其为万先生原本，抑他人分任，经万先生润色者，持以与《明史稿》及《明史》对勘，则异同详略，不胜枚举，由兹可以知构成《明史》之阶段，及前贤属文修史之矜慎，细至一二字，大至一人一传之取舍分合，以逮缀述之后先，采辑之繁简，罔不有以得其用心之所在”。（见《江苏省立国学图书馆第四年刊·明史稿校录》）则此稿虽非万氏原本，以之校勘《明史》，其价值当不在王稿下，非可因伪跋而贬损之也。

而斯同卒，时在康熙四十一年。熊赐履为监修，征鸿绪列传稿进呈，据杨椿《再上明鉴纲目馆总裁书》，则四十一年进呈之稿，仍为徐稿，

书云：“四十一年冬，熊公来商于诸公，犹以徐稿进呈，上览之不悦，命交内阁细看。”

且所进呈者，仅神宗、熹宗以下四本（见康熙四十二年四月《东华录》），意者四十一年之前，三十三年之后，赐履曾一度以鸿绪自撰之列传稿进呈欤？然其非四百六十卷之稿可决也。集宏博及诸征士之积年经营，而以史学专家若斯同者梳比而画一之，此四百六十卷之稿，在前代史著中，其必为佳撰无疑。鸿绪于此事既非内家，而分合有无，妄自立异；又假手于刻薄无知之馆客，任意颠倒，是非毁誉，漫无准的，

杨椿《再上明鉴纲目馆总裁书》：“最可议者，王公重编时，馆客某，刻薄无知，于有明党案，及公卿被劾者，不考其人之终始，不问其事之真伪，深文巧诋，罗织为工，而名臣事迹，则妄加删抹，往往有并其姓名不著，盖是非毁誉，尚不足凭，不特纪志表传等自为异同已也。”按馆客不知何人？李富孙《鹤征后录》载迮云龙尝应鸿绪聘修《明史》，不知是其人否？又《清史列传》焦袁熹亦预鸿绪修史事，以持论不合，仅月余辞去，则非其人明甚。俟再考。

而四百六十卷之稿，遂缩为二百五卷之传稿。继又取徐稿《河渠》、《食货》、《艺文》、《地理》诸志删改之，去《功臣》、《戚臣》、《宦幸》诸表，而改《大臣》上为《宰辅》，《大臣》中下为《七卿》，其他志表则仍其旧。又于六十一年冬，删改徐稿本纪，不浃旬而十六朝之纪稿悉具。

见杨椿上书。按四百六十卷之稿，方传乃兼本纪而言，是鸿绪所删改者，当为斯同之稿而非徐稿；然徐稿亦为斯同所核定，则二五与一十耳。

于是二百五卷之传稿，复扩为三百十卷之纪表志传全稿矣。

《横云山人集·明史稿》，本纪十九卷。志七十七卷：《天文》三、《五行》三、《历》十一、《地理》五、《河渠》六、《礼》十四、《乐》三、《仪卫》一、《舆服》四、《选举》三、《职官》五、《食货》六、《兵》六、《刑法》三、《艺文》四。表九卷：《诸王世表》五、《宰辅年表》二、《七卿年表》二。共一百五卷。加列传二百五卷，为三百十卷。《四库总目·明史提要》谓“王鸿绪撰《明史稿》三百十卷，惟帝纪未成”，不知何据？

王鸿绪《明史稿》，康熙时初刻者名《明史稿列传》，仅列传二百八卷，目录三卷而已。雍正初复删定列传为二百五卷（并《孝义》二卷为一卷，《列女》三卷为一卷），益以本纪十九卷、志七十七卷、表九卷，合成《明史稿》三百十卷。当时列传稿自《孝义》、《列女》删并外，余卷亦颇有增删。然仍用旧板，惮于改刻（共改刻二百二叶），往往点窜字句，以就行格，比勘一过，痕迹显然。其初刻本有传，而后刻删去者，除《孝义》二十六人，《列女》一百四十二人外，卷五删建文帝二子传，卷二十七删方法（附刘政）、林右二传，卷二十八删程济、龚诩、储福、河西佣补锅匠、东湖樵夫诸传，卷一百十删《陈登云传》，卷一百五十七删胡友信、陈幼学二传，卷一百六十二删《陆深传》，卷一百六十三删《任瀚传》，卷一百六十四删《瞿九思传》。自东湖樵夫以上，皆建文旧臣，采自《致身录》诸书，本非信史也。见东君《读书识小录》。

斯同以史表见称于世，徐稿中诸表，当全出斯同之手。

朱彝尊《曝书亭集·万氏历代史表序》："鄞人万斯同，字季野，取历代正史之未著表者，一一补之，凡六十篇，益以《明史表》一十三篇，揽万里于尺寸之内，罗百世于方册之间，其用心也勤，其考稽也博，俾览者有快于心，庶几成学之助，而无烦费无用之失者与。"

又撰有志书，《四库提要·地理类存目》，有《明代河渠考》一书，视史志所载为详，盖即斯同《河渠志》之草卷，

《四库总目·明代河渠考提要》："是书采取有明列朝实录，凡事之涉于河渠者，悉按年编次，天启四年以后，则杂取邸钞野史以足成之。视史志所载较详，然颇伤冗杂。考斯同尝预修《明史》，此本疑即其摘录旧闻，备修志之用者，后人取其残稿录存之也。"

则他志或亦有稿。鸿绪欲盗一己之名，不惜举专家之著述而一一窜乱之，抹杀之，史德之败坏，可谓已极！杨椿谓其书纪表不如志，志不如传，弘、正前之传，不如嘉靖以后，

《再上明鉴纲目馆总裁书》。

意在扬王稿而抑徐稿，亦以扬斯同而抑鸿绪，然徐稿亦经斯同之复审，杨说未为的评。平心而论，四百六十卷之稿，未必一无可议，鸿绪所改，未必一无可取，即礼亲王昭琏《啸亭续录》及陶澍、魏源等之攻击《明史稿》，

《啸亭续录》："向闻王横云《明史稿》笔法精善，有胜于馆臣改录者，近日读之，其大端与《明史》无甚出入，其不及史馆定者，有数端焉：惠宗逊国事，本在疑似之间，今王本力断为无，凡涉逊国之事，皆为删削，不及史臣留程济一传以存疑也。永乐以藩臣夺国，今古大变，王本于燕多恕辞，是以成败论人，殊非直笔，然则吴瀞、刘安辈亦足褒耶！不及史臣厚责之为愈。至于李延机与沈権、沈一贯，毕自严与陈新甲同传，未免鸾枭并栖，殊无分析，不如史臣之分传也。周、温二相，为戕削国脉之人，乃不入《奸臣传》而以顾秉谦龌龊辈当之，亦未及史臣本也。其他谬戾处不可胜纪。后史臣皆为改正。盖首创者难工，继述者易善也。惟三王本纪，较史本为详，然其事迹，今已见《钦定通鉴辑览》，亦无庸赘叙。至于奏牍多于辞令，奇迹罕于庸行，则二史病处相同，殊有愧于龙门，惟视宋、元二史为差胜也。”

魏源《古微堂外集·书明史稿一》：“《明史》于《宋史》以来人人立传之弊，仍不能革，即如太祖功臣十八侯，人各一传，或同一事而既见于此，复见于彼，使以此例施之《史记》、《汉书》，则列传当多数倍，有是史例乎？如平云南事，止宜见于《沐英传》，其从征诸将附于《沐英传》后足矣。平夏平朔漠以李文忠、蓝玉为主，其从征诸将附二人传末足矣。至于《外国传》，止宜择其二三岛夷之大者立传，其余止附见国名，汇书本传之后；乃岛不过数十里，人不过数百家，渔村蛋户，动列蕃国，何与共球？仅据三宝太监下西洋归奏铺张之词，毫无翦择，史法安存？以此例之，则列传可删去十分之三。至于食货兵政诸志，随文钞录，全不贯串，或一事有前无后，或一事有后无前，其疏略更非列传之比。且列传虽详，而于明末诸臣，尚多疏略，即黄得功、李定国二人，余所见野史，述其战功事迹，数倍本传，此略所不当略，与前之详所不当详，均失之焉。”又《书明史稿二》：“尝读故礼亲王《啸亭杂录》曰：‘康熙中，王鸿绪撰叙辈党于廉亲王，而力陷故理邸，故其所撰《明史稿》，于建文君臣，指摘无完肤，而于永乐及靖难诸臣，每多恕辞，盖心所阴蓄，不觉流于笔端，从古佥壬不可修史，王司徒言，未可非也。’”（按杂录当作续录。本文所引，意同而辞多异）又闻安化陶文毅公之言曰：“王鸿绪《史稿》，于吴人每得佳传，于太仓人尤甚，而于他省人辄多否少可。张居正一传，尽没其功绩，且谤以权奸叛逆，尤几无是非之心，幸乾隆中重修《明史》，略为平反。”善哉二公之言！或谓《明史稿》出万季野名儒之手，其是非不应舛戾，折之曰，《史稿》于王之寀列传后，附采夏允彝《幸存录》数百言，以折衷东林、魏党之曲直，夫《幸存录》，黄南雷诋为不幸存录，又作《汰存录》以驳之。故其前录则巢氏序谓出夏公身后，冒托其名；后录称夏淳古撰，全谢山驳其中“先人备位小宰”一语，其时小宰乃吕大器，而淳古父允彝仅官考功，岂有子诬其父之理！盖马、阮邪党所伪撰，而窜允彝父子之名以求信于世，岂有季野为南雷高弟，反采录其言以入正史？其为王鸿绪之增窜无疑。且明太祖平张士诚，恶苏民为士诚守城不下，命苏、松田亩悉照私租起赋，凡淮张文武亲戚，及后日籍没富民之田，悉为官田。建文二年，降诏减免，每亩止输一斗，可谓干蛊之仁政。乃成祖篡立，仍复洪武旧额，至今流毒数百年未已。此事建文是而永乐非，比户皆知，今《史稿》止载成祖杀齐泰、黄子澄、方孝孺，夷其族，执铁铉于山东至京杀之，其余屠戮忠臣数百人，株连夷灭亲戚千余家，妻女发象奴及教坊为娼，皆讳不书；即苏、松浮粮复额殃民之政，亦为之讳。若非礼亲王诛心之论，乌能洞史臣之肺腑哉？鸿绪身后，其子孙镂板进呈，以板心雕横云山人史稿，遂碍颁发，攘善而不遂其攘，盗名而适阻其名，岂非天哉！”

亦不能全为鸿绪罪，

例如方苞《杂文·明史无任邱李少师传》：“季野曰，吴会之人尚文藻，重声气，士大夫之终，鲜不具状志家传，自开史馆，牵引传致，旬月无虚，重人多为之言。他省远方，百不一二致，惟见列朝实录，人不过一二事，事不过一二语，郡州县志，皆略举大凡，首尾不具。虽知其名，其行谊事迹，不可凿空而构，欲特立一传，无由摭拾成章。故凡事之相连相类者，以附诸大传之后，无可附，则惟据实录所载，散见于诸志，此所谓不可如何者也。”则《明史稿》之吴人多佳传，非全由鸿绪矣。斯同声江陵二十四大罪，见所著《群书辨疑》中（按二十四，初印时误作十二，经海遗君指出，特更正），则《张居正传》之以罪掩功，亦非全由鸿绪矣。

要其没人之善，以成一己之名，其处心之险诈，诚无毫末之可恕。李集《鹤征前录》载鸿绪史稿成时，曾就正李因笃，

《鹤征前录》，李因笃授职数月，乞归养母，后横云山人史稿成，欲先生正之，时老病在床，令二人捧稿朗诵，呼曰改，即加纂易，半载而毕。

因笃之学，非斯同敌，且以其年考之，亦决不及改其全稿，则《明史稿》之淆乱义例，仍出鸿绪与无知之馆客，非可令因笃任其咎也。是非所在，来者难欺，以总裁而有此等攘窃行为，是固他史所绝无者。特点一。

二、时主之箝制

清帝以异族入主中国，满汉之见，横亘胸际，其标榜史事，本以安遗臣之反侧，既入其彀，则深恐予夺进退之间，受谤书之实害，而思所以箝制之。叶方蔼知其如此，因于任事之始，即疏请“时沛纶音”，以“折衷群言，会归一是”。

疏云：“我朝三十余年以来，胜国文献，日就湮没，又今纂修官约计六十余员，家异师，人异学，保无传闻之各别，意见之不齐者乎？臣等学术既陋，素望又轻，欲令折衷群言，会归一是，以肩最巨最难之责，此所为中夜彷徨，踧踖靡措者也。窃观历代史书之前，不曰奉敕修，即曰奉敕编集，念《明史》一书，所关甚大，臣等忻遇圣明，不自揣量，仰祈时沛纶音，一加申诫，则在事诸臣，人人各思职掌，俨如天威咫尺，临之在上，孰敢不化偏畸之见，共归大公之理？臣等庶得凭借宠临，以免陨越之罪。”见《叶文敏集》。

一方预为总裁卸责之地，一方暗示馆臣以修史应取之态度。天威咫尺，东观彷徨，稍有关碍，含毫莫断，以此修史，宁复有信史之价值！顾圣祖则谆谆谕之曰：“时代既近，则瞻徇易生，作史昭垂永久，关系甚大，务宜从公论断。”（康熙二十二年八月《东华录》）

又曰：“史书永垂后世，关系甚重，必据实秉公，论断得正，始无偏诐之失，可以传信后世。”（康熙二十二年十一月《东华录》）

又曰：“作史之道，务在秉公持平，不应胶执私见，为一偏之论。”（康熙三十一年正月《东华录》）

又曰：“元人讥宋，明复讥元，朕并不似前人，辄讥亡国也；惟从公论耳。”（康熙三十六年正月《东华录》）

又曰：“事当核实，议必持平，毋胶己见而意涉偏私，毋狃积习而语邻矫激，务使褒贬适中，是非有准。”（康熙三十六年三月十七日赐王鸿绪敕谕语）

又曰：“《明史》不可不成，公论不可不采，是非不可不明，人心不可不服。”

《清实录》、《东华录》：康熙四十三年十一月，御制文曰：“班、马异同，《左》、《国》浮华，古人以为定论；孔子至圣，作《春秋》，有知我罪我之叹。后世万倍不及者，轻浮浅陋，妄自笔削，自以为是。朕观凡天下读书者，皆能分辨古人之是非，至问以时事人品，不能一字相答，非曰‘从来不与人往来’，即曰‘不能深知’。夫目前之事，作官之道，尚茫然不知，而于千百年前无不洞悉，何得昧于当世而明于论古，岂非远者明而近者暗乎！所以责人重者责己轻，君子不取也。《明史》不可不成，公论不可不采，是非不可不明，人心不可服，关系甚巨，条目甚繁，朕日理万几，精神有限，不能逐一细览，即敢轻定是非，后有公论者，必归罪于朕躬，朕不畏当时，而畏后人，不重文章而重良心者此也。卿等皆老学素望，名重一时，《明史》之是非，自有烛见，卿等众意为是即是也，刊而行之，偶有斟酌，公同再议，朕无一字可定，亦无识见，所以坚辞以示不能也。”

若但舍心论迹，时主之顾忌公论若是，不啻予史臣以直笔修史之保障；然事实则适得其反。史臣惟觳觫救过于时主暗示之下，绝不能有所主张，如谓修史须参看实录，

《清实录》、《东华录》：康熙二十六年四月，上谕大学士等，史事所关甚重，若不参看实录，虚实何由悉知？他书或以文章见长，独修史宜直书实事，岂可空言文饰乎？俟《明史》修成之日，应将实录并存，令后世有所考据。

而实录谬误甚多，尤须详酌，

《清实录》、《东华录》：康熙二十九年二月，谕大学士等，朕于明代实录，详悉披览，宣德以前，尚觉可观，至宣德以后，颇多讹谬，不可不察。又三十一年正月，谕修《明史》诸臣，朕自冲龄即在宫中披览经史，明实录曾阅数过，见其间立言过当，纪载失实者甚多，纂修《明史》，宜加详酌。又五十六年八月，谕大学士等曰，朕遍览明代实录，未录实事，即如永乐修京城之处，未记一字，史臣但看野史纪录，错误甚多。

则凡涉及忌讳之实录，史臣宜知所去取矣。又如史稿进呈，动加指摘，且令改削，乃至张献忠养子之耳目被割，亦复齿及，

《清实录》、《东华录》：康熙三十一年正月，谕大学士等，前者纂修《明史》诸臣所撰本纪列传，曾以数卷进呈，朕详晰披阅，并命熊赐履校雠。熊赐履写签呈奏，于洪武、宣德本纪，訾议甚多。朕思洪武系开基之主，功德隆盛，宣德乃守成贤辟，虽运会不同，事迹攸殊，然皆励精著于一时，谟烈垂诸弈世，为君事业，各克殚尽。朕亦一代之主也，若将前代贤君，搜求其间隙，议论其是非，朕不惟本无此德，本无此才，亦实无此意也。

又四十二年四月，上发出熊赐履呈览明神宗、熹宗以下史书四本，谕大学士等，朕自冲龄即每事好问，明时之太监，朕皆及见之，所以彼时之事，朕知之甚悉。太监魏忠贤恶迹，史书仅记其大略而已，犹未详载也。又谕，此书所载杨涟、左光斗死于北镇抚司狱中，闻此二人在午门前受御杖死，太监等以布裹尸出之。至于随崇祯殉难者，乃太监王承恩，因此世祖章皇帝作文致祭，并立碑碣，此书载太监王之心从死，明系错误。至于本朝兴兵声讨之故，此书并未记载。可问熊赐履、王鸿绪等。寻大学士等覆奏，熊赐履奉旨复行详察，崇祯死难太监，果系王承恩非王之心，应遵照谕旨改正。至于左光斗、杨涟，诸书俱云死于北镇抚司狱中，故照彼书书之。我太祖高皇帝兴师之由，详载《太祖本纪》，是以《明史》内未曾载入。上曰，太祖兴师之故，虽不详载，《明史》记其大略，未始不可。

又五十二年四月，谕大学士等曰，明末去今，为时尚不甚远，传闻李自成兵到，京师之人，即以城献；又闻李自成麾下之将李定国在西便门援城而上，由此观之，仍是攻取，可云献乎？此等载入史书，甚有关系，必得其实方善。张献忠有养子三人，耳鼻皆被割去，朕曾见之。又明代行兵，多用太监管领，以致败亡。尔等纂修《明史》，其万历、天启、崇祯年间之事，应详加参考，不可忽略。

此事何关宏旨，而必以己所闻见，炫于史臣，则史臣宜以此例彼，凡涉及忌讳之事，虽小必察矣。此皆时主明加督责，隐寓箝制之明证。庄氏之祸，闻见未远，凡在史臣，宁有对此而不能默喻者。且《外国传》不立建州，岂所以重史实；

《明史》仅张学颜、李成梁等传，见建州事，其他皆语焉不详。陈继儒有《建州考》一卷，多丑诋满俗，为军机处奏准全毁书之一，今在《陈眉公集》中。

而太祖兴师之故，则欲史臣载入《明史》，强体例以就我；至弘光之帝南京，隆武之帝闽越，永历之帝两粤与滇黔，地方数千里，首尾十七八年，曾不得备书其事如昭烈帝昺。（见《戴南山集·与余生书》）

以此而犹曰采公论，服人心，其谁敢信！元代亦以异族帝中国，其修《宋史》，不闻时主有若何表示，而清帝乃弄此等狡狯以控驭史臣，特点二。

有此二特点，而《明史》乃无信史之价值可言矣。请更进而述纂修后期：

后期又分两期：自世宗雍正元年，至高宗乾隆四年为第一期，其任务为修改王鸿绪之三百十卷进呈稿。自乾隆四十年至五十年以前为第二期，其任务为修改及考证已刊之张廷玉等进呈本。

世宗雍正元年七月，以王顼龄、隆科多为监修，张廷玉、朱轼、徐元梦、觉罗逢泰为总裁，并令慎选儒臣，以任分修，再访山林绩学之士，忠厚淹通者，一同编辑。

《东华录》：雍正元年七月，谕大学士等，有明一代之书，屡经修纂，尚未成书，我圣祖仁皇帝大公至慎之心，旌别淑慝，务期允当，惟恐几微未协，遂失其真，郑重周详，多历年所，冀得良史之才，畀以编摩之任，朕思岁月愈久，考据愈难，目今去明季将及百年，幸简编之纪载犹存，故老之传闻未远，应令文学大臣，董率其事，慎选儒臣，以任分修，再访山林绩学之士，忠厚淹通者，一同编辑，俾得各展所长，取舍折衷，归于尽善。着将满汉大臣等职名，开列具奏。

于是杨椿等二十三人，

此据杨椿《上明史馆总裁书》。按《明史》开列纂修姓名，为孙嘉淦、乔世臣、汪由敦、杨椿、郑江、彭廷训、胡宗绪、陶贞一、蒋继轼、陆奎勋、梅𣪍成、杨尔德、闰圻、姚之骃、吴启昆、韩孝基、冯汝轼、吴麟、蓝千秋、唐继祖、吴龙应、王叶滋、姚焜、金门诏、万邦荣等二十五人。

各分数卷，着手编纂。但不久即他任四出，留馆者仅数人。五年冬，总裁张廷玉、朱轼命杨椿与汪由敦协力成书，而廷玉意在专委由敦，由敦事繁，更约吴麟肩之。六年正月，麟与由敦至馆任事。椿分草永乐至正德九朝列传，胡宗绪草嘉、隆、万三朝列传。其十二朝本纪，及后妃诸王洪、建、天、崇列传，由敦与麟自为分定。椿受九朝列传后，即伏案编摩，日夕无间；又时以笔札口舌，与汪、吴论列得失，汪、吴从者十二三，不从者十七八。七月中，汪、吴本纪未进，椿之九朝列传五十卷，已誊毕缴馆。任事之勤，为万氏以后所仅见。然总裁意不属椿而属由敦，由敦丁父忧，以修史奉旨在馆守制，亦由廷玉奏请也。

以上俱据杨椿《上明史馆总裁书》。

是时馆中旧有草卷，不可复得，所存者惟实录及名人传记，而传记亦十无一二，史料甚感缺乏。总裁迎合时主重修之旨趣，惟期褒贬抑扬之间，异同王稿，其他非所计及，故纂修任务，甚为简单，仅于王稿纪传后，缀以赞辞，及以意更其目次，或点窜字句而已。（见杨椿《上明鉴纲目馆总裁书》）

由敦著《史裁蠡说》，颇有无关忌讳之建议：如欲进魏、定、成、英诸国于世家，收况钟、陈本深于《循吏》，拒陈继儒于《隐逸》，列薛暄于《儒林》，置周延儒、温体仁于《奸臣》等，总裁亦不欲尽从，

《松泉文集·史裁蠡说》："世家一体，《史记》、《五代史》而外，他无传焉。顾有明魏、定、成、英诸国，或绝或续，与有明相终始，典禁卫，督京营，类用勋旧大臣，其关系安危，视诸藩之虚名列土，不得有为者，相去迳庭，目以世家，良不诬也。传中叙嗣爵世数，有开国一传累述而迄于明亡者，名为列传，实具世家之体矣，何不竟立世家，而必夷之立传欤？”（按此议已见朱彝尊《史馆上总裁第一书》）又曰：“黄霸、朱邑官至丞相大司农，而列之《循吏》，苟惠爱在民，固不必官终守令也。如况钟、陈本深等虽列显要，亦宜收之《循吏》。”又曰：“有明隐逸，寥寥其人，然如陈继儒虽名在人口，而迹隐心竞，岂所谓绝尘不返者耶！亦何烦翰墨也。”又曰：“文清无他事业，自以儒学为重，宜列《儒林》；文成以功名显，顾、高以风节称，则归之大传，而门人附见焉。”又曰：“旧稿有《奸臣传》，但以周延儒、温体仁合为单传，不入此类，有佚罚矣！移置《奸臣传》中，近与胡、严为伍，远与杞、桧同科。”

今案《明史》无世家；况钟、陈本深仍入大传；陈继儒仍入《隐逸传》。惟薛暄改入《儒林传》，周延儒、温体仁改入《奸臣传》，而《延儒传》不见其奸邪之迹，盖目虽改而文仍未改也。见赵翼《廿二史札记》。

则若杨椿之雄辩过于李绂而又不见好于总裁者，自无置喙之余地矣。

《茶余客话》：“李穆堂记闻最博，而持论多偏。在《明史》馆，谓严嵩不可入《奸臣传》，纂修诸公争之，李谈辨云涌，纵横莫当，诸公无以折之。最后杨农先学士椿从容进曰：‘分宜在当日尚可为善，可恨杨继盛无知小生，猖狂妄作，织成五奸十罪之疏，传误后人，遂令分宜含怨莫白。吾辈修史，但将杨继盛极力抹倒，诛其饰说诬贤，将五奸十罪，条条剖析，且辨后来议恤议谥之非，则分宜之冤可伸。’穆堂闻之，目眙神愕，口不能答一字，自是乃不复申前说。”

杨椿《上明史馆总裁书》：“阁下平日言语呕呕，未尝以声色加人，人有谒者，辄如其意以去，以故颂阁下者十人而九。椿性钝拙，未尝敢借馆事造贵人之门，亦未敢甘言相媚，阁下素所知也。前月提调吴君奉阁下谕，传椿等至阁，阁下盛气南面立，常熟蒋公，提调吴君左右侍，椿等北面立，阁下嗷咷跳跃，言若不能了了，大约以纂修不勤，在馆论议，为椿等罪；其意似又专罪椿者。”

金门诏撰《艺文志》，就焦竑旧志，

按《四库总目提要》：“《国史经籍志》六卷，明焦竑撰，其书丛钞旧目，无所考核，不论存亡，率尔滥载，古来目录，惟是书为最不足凭。”金门诏则谓竑所载，皆明代之所见存，信而可征。见《金东山文集·明史经籍志总序》。

增其未备，更订叙录，

类序五十九篇，《明史》不载，载入文集。

盖亦主兼收前代者，既不为《明史》所取；其所撰《忠义》、《孝义》、《隐逸》、《方伎》、《外戚》、《土司》、《流贼》诸传总序，按之《明史》，亦有同有不同，而传论则概从屏弃。

《忠义传论》十、《孝义传论》十四、《隐逸传论》三、《方伎传论》三、《外戚传论》二十、《流贼传论》一，俱载文集。惟《土司传》分序五篇，收入《明史》。

高宗践位之初，全祖望新成进士，献替史馆，移书六通：其一，即《艺文志》不当断代，已见上论。其二，本代之书，必略及其大意，始有系于一代事故，典则风会，而不仅书目。(《移明史馆帖子二》)其三，增立《属国表》。

《帖子三》：“《属国表》，世多以为契丹起幽、云之地，统领诸藩，故特详其撰述，似为历代所无庸，而不知古今皆应有之，盖属国之为中国重甚矣，其兴废传袭琐屑之迹，虽有列传可考，而眉目非表不著；又其中有交推而旁见者，尤必于表观之。有明一代，初则王保保未靖，频劳出塞之师，其后榆木川之丧，土木之狩，阳和之困，九重旰食，不一而足，而朝鲜之易姓，交趾之频失，倭人之内犯，是皆东南大案所当特书者也。滇、粤亡而投缅甸，闽、瓯失而窜东、宁，以视夫延禧之余历，大石之残疆，约略相同，而日本乞师，安南假道，其与求援高丽，通使回鹘之举，又无不酷肖者，斯皆当依辽表之例，为之附录。且夫有明疆埸，其既得而复弃者，朵颜之三卫也，有自弃以遗患者，受降城之遗址也，有暂开而复废者，东江之四岛也，庙算边防，俱得括之于表，夫岂徒夸《王会》之浮文哉！”

其四，增立《土司表》。

《帖子四》：“秀水朱竹垞检讨，以其事之关于明者繁，乃请别作《土司传》，不复附之外国之末，谓其虽非纯属，然已就羁縻，乃引而近之也。土官蛮触之事，大抵起于世袭，或有司失所以治之，遂成祸端，而前史谓蜀中土司有事多主剿，黔中土司有事多主抚，封疆之议多右蜀，庙堂之议多右黔，是又关其域内军力之强弱，一时财赋之丰歉而出之者，推之西南诸省，可概见矣。愚故欲仿《辽史》部族之例，别为立表。”

其五，不仕二姓者，宜入《忠义传》，不宜入《隐逸传》。

《帖子五》：“《隐逸》一传，历代未有能言其失者，少读《世说》所载向长、禽庆之语，爱其高洁，以为是冥飞之孤凤也，及考其轶事，则皆不仕新室而逃者，然后知其所谓富不如贫，贵不如贱，盖皆有所托以长往，而非遗世者流也。范史不知其旨，遂与逢萌俱归《逸民》，于是后之作史者，凡遇陶潜、周续之、宗炳之徒，皆依其例，不知其判然两途也，惟《宋史·忠义传序》有云：‘世变沦胥，晦迹冥遁，能以贞厉保厥初心，抑又其次，以类附从。’斯真发前人未发之蒙，然而列传十卷，仍只及死绥仗节诸君，未尝载谢翱、郑思肖只字，如靖康时之褚承亮誓不仕金，而只列之《隐逸》，则又何也？夫惟欧公以死节死事立传，则不能及生者，若概以忠义之例言之，则凡不仕二姓者，皆其人也。”

其六，附《元遗臣传》于《明史》。

《帖子六》：“灵寿傅氏《明书》中有一例可采者，《元史》于殉难臣僚，业已专传裒然，而其仗节于顺帝逊位之后，尚有多人，史稿成于洪武之初，多失不录。太祖当干戈草昧之际，即能以扶持名义为念，观其于扩廓守节，叹赏不置，以为天下奇男子，则附《元遗臣传》于《明史》，亦太祖之所许也。”

皆不见采用，是总裁之不欲于义例上有所更张，昭然若揭。且二十三人者，半皆猥琐之士，视中期纂修人才，不啻天壤。除上述诸人外，其于史事有相当之效力者，仅有郑江、梅瑴成等。江撰《明史稿》二十四卷，瑴成，文鼎孙，出其家学，与修《历志》，此外殆无可考见。故自世宗雍正六年七月，杨椿九朝列传成后，以至高宗乾隆四年七月，因循十年之久，始上其书，凡三百三十六卷：本纪二十四卷，志七十五卷，表十三卷，列传二百二十卷，目录四卷。除目录外，视王稿仅增二十二卷耳。

本纪增五卷，志减二卷，表增四卷，列传增十五卷。

要而论之：此次修改王稿，为功甚仅，其胜于王稿者固有，而其改讹王稿及仍王稿之谬而不能改者，亦复不少。若其可信之成分，则且较王稿为减，以时主之猜忌面目，益呈显著，文士举笔，偶一失察，动被诛戮，总裁为求生命禄位之安全，不得不出于阿谀将顺之一途，宰割史文，抹杀情实，实逼处此，非果有慊于名人用心甚久之王稿也。

张廷玉等进《明史》表云：“聚官私之纪载，核新旧之见闻，签帙虽多，牴牾互见，惟旧臣王鸿绪之史稿，经名人三十载之用心，进在彤闱，颁来秘阁，首尾略具，事实颇详，在昔《汉书》取裁于马迁，《唐书》起本于刘昫，苟是非之不谬，讵因袭之为嫌，爰即成编，用为初稿。”

今日通行之《明史》，即为此三百三十六卷张廷玉等之进呈本，其第二期修改及考证之本，则并未颁行。

高宗以右文自命，而箝制文字，变本加厉，欲以销毁史料，

详陈登原《古今典籍聚散考》第六章至第八章。

与修改《明史》，双管齐下，灭彼此牴牾参差之迹。乾隆四十年五月，谕《明史》内于元时人地名，对音讹舛，译字鄙俚，如图作为兔之类，既于字义无当，而垂之史册，殊不雅驯，今辽、金、元史，已命军机大臣改正另刊，《明史》乃本朝撰定之书，岂可转听其讹谬！见在改办《明纪纲目》，着将《明史》一并查改，以昭传信。（见《东华录》）

改译之人地名，见王颂蔚《明史考证捃逸》，亦见赵翼《廿二史札记补遗》。

以身为外族之故，至计较及于外族人地名之鄙雅，以防见轻汉人，则其他违碍之处，更无论矣。四十二年五月，又借口《英宗本纪》之疏略，命英廉、程景伊、梁国治、和珅、刘墉等为总裁，将所有《明史本纪》，逐一考核添修。（见《东华录》）

嗣又命于敏中、钱汝诚等为总裁，将全史从事考证，

按光绪时王颂蔚在方略馆，得《明史列传考证》进呈本二百十六卷，稿本四十余册，正本三巨册，参观互证，成《明史考证捃逸》四十二卷。其自序曰：“丁丑秋，入直枢院，即属馆中令史张大诰物色是书，果得蓝面册《明史》自卷一百十六至卷三百三十二（阙卷一百九十五），凡二百十六卷列传，首尾略具，按语用黄签粘书之上方，人地名改译及修改字句处，用黄签粘原文之上，惟年久潮湿，粘签敚落甚多，且有霉烂成块，未堪揭动之叶，余属张令史悉心迻写，仅得什之七八，盖当时奉丁丑诏书，以次缮进，故卷面书臣某官某某恭校，卷中粘签皆黄也。继又得稿本四十余卷，卷面题总裁英阅，总裁于阅，总裁钱阅，及纂修官黄辑、宋辑，协修官严辑、章辑、罗辑等字，按语与进呈本略同，间有为总裁所删者，则进呈本不录。最后又搜得正本三巨册，自卷一百十八至卷三百二十八（阙卷二百五十二至二百五十六），凡二百六卷，每卷题《明史》卷几考证，意在分附《明史》各卷之后，故析卷皆同，每条称臣某某按，亦与他史考证同式，三本皆只列传，无纪表志。稿本进呈本，不及正本之完备，然亦有稿本考订郅塙，而进呈本删去者，有稿本进呈本俱有，而正本不录者，且有按语绝无发明，而列入正本者，良由官书成于众人之手，茎茅同处，搴择不精，又其时总裁诸公，无淹雅鸿朗之才，故去取未能悉当。”是列传既有考证，而本纪之修改，余亦见有故宫博物院景印之重刻殿本，则不应纪志表独无考证，故此谓考证全史也。

宋铣、刘锡嘏、方炜、黄寿龄、严福、罗修源、章宗瀛等七人为纂修及协修。实则《明史》经王鸿绪、张廷玉等之一再删削，已无何等伤触之可指，修改殊非必要。而时主必更加爬剔，以验书中或有万一之罅漏；又恐《明史》不附考证，后人或据秦火未及之稗野，持于彼不利之异同，故亦望及身鉴定而后安。而甲申以后，续载福王之号，乙酉以后，并录唐王、桂王诸臣（《四库总目·明史提要》），则反视前主为宽厚。既湮一代之史实，又饵万世之公论，谲哉高宗，用心乃至是乎！然其时总裁纂修，皆非淹雅之才，考证按语，绝鲜发明，此观王颂蔚所得之《明史列传考证》，可见其概。第明季史料，什九销毁，凭藉已失，又劫于暴力，不敢有所表见，亦为事实。故就《考证》本身论，并不足为《明史》轻重。所可怪者，今殿本辽、金、元三史，俱经改译，卷末亦附《考证》，三史成于乾隆四十七年，《明史考证》或差后，亦当成于五十年以前，

王颂蔚《明史考证捃逸·自序》：“改译辽、金、元三史，成于乾隆四十七年四月，而《明史考证》告成年月不可考，今所存稿本，题总裁于阅、英阅者甚多，于文襄卒于乾隆四十四年十二月，英文肃卒于乾隆四十八年八月，此书告成，疑当在五十年以前也。”

独不见重刊颁行，岂列传成于乾隆五十年以前，其他考证，则终乾隆之世尚无成稿欤？又邵懿辰《简明目录》称：“《明史》三百六十卷，大学士张廷玉等奉敕撰，其中考究未详者，近又承命刊正，今谨以新定之本著于录。”是新定本又多二十四卷，然列传考证卷第，与今通行本《明史》同，

《明史考证捃逸·自序》：“正本卷第，与今通行本《明史》同，张令史续得卷三百一十六至卷三百三十二刊本考证一册，系初刊样本，中有粘签校改处，其卷第亦与正本同，当即所谓新定本也。惟新定本虽有改译，有增删，合诸目录四卷，仍是乾隆四年三百三十六卷之旧第，与《简明目录》卷数不符，盖不得阁本对勘，终未易释此疑耳。”

《四库总目提要》著录《明史》三百三十六卷，《皇朝通考》亦谓为承命改正之新定本，则《简明目录》称三百六十卷，殆数字之偶误耳。

（一九三一年《金陵学报》第一卷第二期）

附录一

一九三一年慈溪冯孟颛先生来书

子亭吾兄足下：昨展手毕，快如晤面。知足下比有《〈明史〉编纂考》之作，意甚盛也。辱问箧中所蓄《明史地理志》稿，为季野写定本，取斠横云稿，异者极少（惟每布政司多天文数语耳），且无序跋。季野《明史稿》，闻藏故镇江府知府王可庄仁堪家（萧穆《敬孚类稿》），缪艺风云："王横云与兴化李清相友善，李所交多明季魏党一流人物（李为阉党李思诚之子），所言多回护阉，万氏则无此矣。"吴兴刘翰怡嘉业堂藏有《明史列传稿》（翰怡面告弟者），不审与可庄藏本同出一源否？章太炎言《明史稿》流传颇众，吾见数本，多写官钞者，略无修改，不得称稿也。丙寅三月，贞群过松江图书馆，向其馆长雷君彦假读《明史稿》二册，为《靖难功臣》及《文苑传》，云自王横云家散出者，凡八册，半赠艺风老人矣。（闻艺风藏书又流出）其史事本之实录，参以野史（《吾学编》、《今言》、《续藏书》、《名臣言行录》、《弇州史料献征录》诸书），墓志行状，遇文家铺叙处，或其事不足传者，一律抹去。凡经五人修改，笔分五色。传后往往有此效《汉书》某传叙法，问之君彦，所批名氏，亦莫能详也。中州某所献《明史稿》，陈叔谅曾经见告，决非万氏原本也。刘翰怡有《明史例案》一书，于修《明史》体例，一切述之颇详，足下曾见之否乎？《慈湖遗书》，昔年经族人理先毋自欺斋刻成未印，去冬由贞群绍介书贾，为之印布，距板刻成已历三十余年矣。（又姜西溟全集亦新印出）鄞人张咏霓拟再为刻入《四明丛书》。慈湖《易传》，张氏于春间刻成，经贞群覆校，约明春可以出书也。季野遗著，录如别纸，乞检入。《邵南江年谱》，倘杀青后，乞赐寄数册，俾得先睹为快，不胜翘首之至！午夜书此，聊当面谈。并颂撰福！弟贞群再拜。十二月十五日。

在本文未撰成时，曾函吾友冯孟颛先生询《明史稿》事，覆书到日，鄙稿已脱，亟录于后，以资证发。中有数语，涉及其他著述，亦不删去，见吾友于校印乡哲遗书甚致力焉。

云眉

附录二

一九三四年海遗君评李晋华《〈明史纂修考〉》节文

《崇祯长编》由六人分撰，见朱彝尊《上总裁第七书》，万言而外，乔莱、倪灿，皆与其事。黄云眉氏云：“崇祯朝无实录，编纂尤难措手。总裁从汪楫议，选馆臣六人，先纂长编，倪灿、乔莱，俱参斯事；而万言又以独力别成《崇祯长编》一书。由是崇祯一朝，史料差备。”以为六人合撰之《崇祯长编》外，别有万言独撰之《崇祯长编》，其说不知何据。犹忆朱希祖氏跋《崇祯长编》，亦云万言独成《崇祯长编》(《燕京学报》第三期)，则缘于轻信国史《万斯同附传》，未及详考；黄氏既见《曝书亭集》诸书，知由六人分撰，复云万氏别成一书，其误明甚。李氏沿袭其语，不易一字，殆亦移人之误于己欤？（《大公报·图书副刊》第十六期）

按海遗君之说恐未是。朱彝尊《上总裁第七书》云：“日者阁下选同馆六人，先纂长编，可谓得其要矣。长编成于李焘，其旨宁失于繁，勿失于略，故国史馆文书而外，家录野纪，靡不钩索质验，旁互而参审焉。今则止据十七年邸报，缀其月日，是非何以明，同异何以别，挂一而漏万，失焘之体例矣。”可知六人所纂之长编，固为当时修史者所不满，王源《送廷慰常公（翼圣）归里序》云：“崇祯时，公之先人司徒公居兵垣数载，筹兵御寇之疏，不下数百，遭乱，稿散失过半。时以修《明史》辑《崇祯长编》在史馆，向公借阅，乃得尽见其遗疏，录而存之。”则源之所纂，已不同于六人之所纂，仅据邸报缀其月日而已。意彝尊上书以后，长编内容，有所扩充，纂者已不限于六人。谓长编之纂，始终限于六人，盖读朱书而失之泥也。六人所纂之长编，内容既为当时修史者所不满，则万言又何以不可独力别成一长编乎？万言独成长编之说，亦见陈康祺《郎潜纪闻》、钱泰吉《曝书杂记》。

云眉

杂论

李卓吾事实辨正

读《明史》见载李贽事不实，欲为更作。嗣读《吴虞文录》有《李卓吾别传》一文，平反不少，虽其中尚多谬误，如身长七尺，目不苟视，贽本以状其父者，吴则移以状贽；离刘东星、刘晋川为二人；省顾养谦为顾谦等，俱失之不考，盖吴传仅就各家记载本文，割凑成文，非精心钩稽而得者；然大致既无甚出入，似无更作之必要。兹特就贽之被诬各端，重加辨正，俾世之论卓吾学说者，于卓吾平生，得更真切之认识尔。

一、辨在官削发之诬

《明史·耿定向传》(卷二百二十一)，贽为姚安知府，一旦自去其发，冠服坐堂皇，上官勒令解任。

按卓吾自序其《初潭集》云："初潭者何，言初落发龙潭时即纂此，故曰初潭也。"是卓吾削发，实在龙潭，非在姚安也。其解姚安任时，焦弱侯有诗寄赠云："夜郎三载见班春，又向黄州学隐沦。说法终怜长者子，随缘一见宰官身。门非陈孟时投辖，乡接康成不买邻。苦欲移家难自遂，何时同作灌园人。"(《澹园集》卷四十一)使其时卓吾已削发，何以此诗全不提及耶？盖卓吾之削发，不特在弃官后，即出家后亦迟迟而后决。其答焦从吾书云："生平慕西湖佳胜，又今世俗子与一切假道学，共以异端目我，我谓不如遂为异端，免彼等以虚名加我何如。夫我既已出家矣，特余此种种耳，又何惜此种种而不以成此名耶！或一会兄而往，或不及会，皆不可知；第早晚有人往白下报曰，西湖上有一白须老而无发者，必我也夫！必我也夫！”(《李温陵集》卷一）又与曾继泉书云：“我当初学道，非但有妻室，亦且为宰官，奔走四方，往来数万里，但觉学问日日得力耳。后因寓楚，欲亲就良师友，而贱眷苦不肯留，切欲归去，故令小婿小女送之归耳。其所以落发者，则因家中闲杂人等时时望我归去，又时时不远千里来迫我，以俗事强我，故我剃发以示不归，俗事亦决然不肯与理也。又此间无见识人，多以异端目我，故我遂为异端，以成彼竖子之名。兼此数者，陡然落发；非其心也。”（同集卷四）可知卓吾虽出家，初无意于落发，其促之落发者，假道学与家中闲杂人等也。卓吾平生痛恶假道学，假道学目卓吾为异端，此最使卓吾不耐，故毅然去此种种，以与彼等触；而家中闲杂人等之相溷，则其附带之理由耳。

卓吾又尝述其削发之难曰：“邓鼎石见我落发，泣涕甚哀。又述其母之言曰：‘尔若说我乍闻之整日不吃饭，饭来亦不下咽，李老伯决定留发也。且汝若能劝得李老伯蓄发，我便说尔是个真孝子，是个第一好官。’呜呼，余之落发，岂容易哉！余惟以不肯受人管束之故，然后落发，又岂容易哉！”（同集卷七《豫约小引》）卓吾自谓不肯受人管束，故假道学以道学管束之，家中闲杂人等以俗事管束之，皆卓吾所不肯受，不肯受而不落发，则所以管束之者将不止此。此可知卓吾之迟迟落发，卓吾之无意于为僧也；卓吾之毅然落发，虽经人之泣涕哀劝而不肯留发，卓吾之欲借此以拒一切管束也，仍非有意于为僧也。故《初潭集序》又云：“夫卓吾子之落发也有故，故虽落发为僧而实儒也，是以首纂儒书焉。”卓吾削发之始末盖如此。《明史》乃捏造其在官削发，高坐堂皇，则何居乎卓吾之必欲扮一秃头知府以骇怪俗人也！至上官勒令解任之说，则可举二文以证其诬。

一、顾养谦赠卓吾致仕去滇序云：

温陵李先生为姚安府且三年，大治，恳切致其仕去。初先生以南京刑部尚书郎来守姚安，难万里，不欲携其家，其室人强从之，盖先生居常游每适意，辄留不肯归，故其室人患之，而强与偕行。至姚安，无何，即欲去，不得，遂乃强留。然先生为姚安，一切持简易，任自然，务以德化人，不贾世俗能声。其为人汪洋停蓄，深博无涯涘，人莫得其端倪，而其见先生也，不言而意自消，自僚属士民胥隶夷酋，无不化先生者，而先生无有也。此所谓无事而事事，无为而无不为者耶。谦之备员洱海也，先生守姚安已年余，每与先生谈，辄夜分不忍别去，而自是先生不复言去矣。万历八年庚辰之春，谦以入贺当行。是时先生历官且三年满矣。少需之，得上其绩，且加恩或上迁。而侍御刘公方按楚雄，先生一日谢簿书，封府库，携其家去姚安而来楚雄，乞侍御公一言以去。侍御公曰："姚安守贤者也，贤者而去之，吾不忍，非所以为国，不可以为风，吾不敢以为言。即欲去，不两月所，为上其绩，而以荣名终也，不其无恨于李君乎！"先生曰："非其任而居之，是旷官也，贽不敢也。需满以幸恩，是贪荣也，贽不为也。名声闻于朝矣，而去之，是钓名也，贽不能也。去即去耳，何能顾其他！"而两台皆勿许，于是先生还其家姚安，而走大理之鸡足，鸡足者，滇西山名也。两台知其意已决，不可留，乃为请于朝，得致其仕。（同集卷五附顾养谦《赠姚安府温陵李先生致仕去滇序》）

二、卓吾自书《高尚册》后云：

天台杨子曰："吾读刘君《高尚》诸篇，而益信宏甫之不可知也。"

或曰："宏甫隐于禅者也。夫宏甫年已五十四矣，自三十登仕，历七任而至郡守，辛苦跋涉，以至若斯之年，亦既倦而后去耳。使其先四岁而死，亦已不称夭矣。幸而不死，而又博高尚之名以去，不为宏甫氏，其终不去乎！且高尚之名，非有道之所处也，仲尼尝比之匏瓜之固矣，曾谓宏甫而不闻之乎！夫大道无高，有高则有过，至人无尚，有尚则有累，渠既深于是而犹以过自累也，安在其为知道欤！"噫，是非或人所知也。夫宏甫非高尚之士也，而未始非高尚之士也。而与以高尚之名则受之矣。且天下之物，亦无一而非累也。苟不以物累心，则终身役一官，虽三黜之而不去可也。及其所之既倦，则或四五十，或六七十，辞而去之可也。与之名当其实可也。与之实而不当，亦无不可者。若慕高尚之名而后去，去矣而又嫌于有其名，皆累也。子何区区于名实之间，揣量而校度之，而欲以议至人之出处，不亦左欤！且吾闻宏甫氏懒散，不事生产作业，而兢兢一郡，惟恐后时，譬则细人之理其家然，不为千岁之计不止也。凡一切备虞经久之费，靡不日新，而孰知其旦暮决去哉？虽宏甫自以决去语人，人且不信，虽其家之人，亦必待既去而后信之耳。而或者欲以是而知宏甫，胡可得矣。然则孰从而名之？曰："此侍御刘公意也。刘公以为欲以风于世，故借其去而以是名之云耳。"（《焦氏笔乘》卷二《宏甫书高尚册后》）

盖卓吾于万历丁丑入滇赴姚安任时，道经团风，舍舟登岸，见耿楚侗、楚空兄弟，便有弃官之意。楚空劝之复入，遂留其女与婿于黄安，而与楚空约曰："待吾三年满，收拾得正四品禄俸归来，为居食计，即与先生同登斯岸矣。"（《李温陵集》卷十二《耿楚空先生传》）是卓吾受任之始，即预定解任之期，既且满三年，则不待上官之请于朝，而即谢簿书，封府库以去，卓吾诚非慕高尚之名者，然岂可谓与之名不当其实耶！《明史》必谓其解任为上官所勒令，则此二文所叙，岂皆向壁虚构者耶！

二、辨讲学会男女之诬

顾炎武《日知录》（卷十八），神宗实录，万历三十年闰二月乙卯，礼科给事中张问达疏劾李贽寄居麻城，肆行不简，与无良辈游庵院，挟妓女，白昼同浴，勾引士人妻女，入庵讲法，至有携衾枕而宿者，一境如狂。又作《观音问》一书，所谓观音，皆士人妻女也。后生小子，喜其猖狂放肆，相率煽惑，至于明劫人财，强搂人妇，同于禽兽而不恤。

按问达此疏，可谓污人已极！而亭林载之，且断之曰："自古以来，小人之无忌惮，而敢于叛圣人者，莫甚于李贽。"又与杨复所、钟伯敬并举而断之曰："举业至于抄佛书，讲学至于会男女，考试至于鬻生员，此皆一代之大变，不在王莽、安禄山、刘豫之下。"夫讲学而至于会男女，诚为讲学家绝无仅有之事；然亦一考其学如何讲，男女如何会之实乎？

卓吾不喜为讲学家，以讲学家之言不顾行，行不顾言，而耻与之同也。故其赞郑子玄之不肯讲学曰："郑子玄者，邱长孺父子之文会友也。文虽不如其父子，而质实有耻，不肯讲学，故喜之。盖彼全不曾亲见颜、曾、思、孟，又不曾亲见周、程、张、朱，但见今之讲周、程、张、朱者，以为周、程、张、朱实实如是尔也，故耻而不肯讲。不讲虽是过，然使学者耻而不讲，以为周、程、张、朱卒如是而止，则今之讲周、程、张、朱者可诛也。"（《温陵集》卷四《又与焦秣陵》）而非方伯雨之讲学曰："汪本钶道公讲学，又道公好学。然好学可也；好讲学则不可也。好讲之于口，尤不可也。"（同集卷五《与方伯雨柬》）卓吾尤不喜有讲学会，以讲学会之多流弊也。故尝于答耿楚侗书中，反对周柳塘欲立讲学会，而以邑令为会主之议曰："闻麻城新选邑侯初到，柳塘因之欲议立会，请父母为会主。余谓父母爱民，自有本分事，日夜不得闲空，何必另标门户，使合县分党也。与会者为贤，则不与会者为不肖矣，使人人有不肖之嫌，是我辈起之也。且父母在，谁不愿入会乎？既愿入会，则入会者必多不肖，既多不肖，则贤者必不肯来，是此会专为会不肖也。岂为会之初意则然哉，其势不得不至此耳。况为会何益于父母！徒使小人乘此纷扰。县公贤，则处置自妙，然犹未免分费精神，使之不得专理民事。设使聪明未必过人，则此会即为断性命之刀斧矣，有仁心者肯为此乎！”（同集卷三《答耿司寇》）虽然，卓吾非真不肯讲学者，特不欲有讲学之名，及讲学之形式耳。卓吾以为讲学无形式，则无可假借，无可假借，则来学者必出于诚意好学之贤者而非不肖，而后讲学始有效果，此卓吾讲学之主张与人不同者一也。

卓吾之答以女人学道为见短书曰：“昨闻大教，谓妇人见短，不堪学道，诚然哉！诚然哉！夫妇人不出阃域，而男子则桑弧蓬矢，以射四方，见有长短，不待言也。但所谓短见者，谓所见不出闺阁之间，而远见者则深察乎昭旷之原也；短见者只见得百年之内，或近而子孙，又近而一身而已，远见则超于形骸之外，出乎死生之表，极于百千万亿劫不可算数譬喻之域也；短见者只听得街谈巷议市井小儿之语，而远见则能深畏乎大人，不敢侮于圣言，更不惑于流俗憎爱之口也。余窃谓欲论见之长短者当如此，不可止以妇人之见为见短也。故谓人有男女则可，谓见有男女岂可乎！谓见有长短则可，谓男子之见尽长，女人之见尽短，又岂可乎！”（同集卷五）盖当卓吾之时，而卓吾已能以平等眼光视男女，故凡士人妻女之以诚意来学者，卓吾亦以贤者待之，而一一与之问答，此卓吾讲学之主张与人不同者又其一也。

讲学如卓吾，斯可谓之真讲学。然而举世滔滔，皆假讲学也，而真讲学者于是乎蒙不洁矣！当是时，妇人之向卓吾问道者，以梅衡湘之女澹然为最有悟入。故卓吾尝称之曰：“梅澹然是出世丈夫。虽是女身，然男子未易及之。”（同集卷七《豫约小引》）卓吾之称许澹然，非以其妇人而称之也；盖卓吾亦尝称巨盗林道乾矣。卓吾曰：“向在黄安时，吴少虞大头巾曾戏余曰：‘公可识林道乾否？’盖道乾居闽广之间，故凡戏闽人者，必曰林道乾云。余谓尔此言是骂我耶？是赞我耶？若说是赞，则彼为巨盗，我为清官，我知尔这大头巾，决不会如此称赞人矣。若说是骂，则余是何人，敢望道乾之万一乎！称王称霸，众愿归之，不肯背离，其才识过人，胆气压乎群类，不言可知也。设使以林道乾当郡守二千石之任，则虽海上再出一林道乾，亦决不敢肆；设以李卓吾权替海上之林道乾，吾知此为郡守林道乾者，可不数日而即擒杀李卓老，不用损一兵，费一矢为也。”（同集卷十三《因记往事》）夫卓吾之谓人有官盗，才无高下，犹其谓人有男女，见无长短也。相马于牝牡骊黄之外，固当如是。人知称巨盗之为称其才，独不知称妇人之为称其见耶！请更以沈景倩《野获编》所载一事，以证梅澹然之为人。“麻城人黄取吾建衷，素负时名，早登公车，风流自命，时同邑梅衡湘司马长女，嫠居有才色，结庵事佛，颇于宗门有悟入处，即李卓吾所称澹然师者是也。黄心欲挑之，苦无计，其爱妾亦姝丽能文，乃使诡称弟子，学禅于澹然。稍久，亦喜其慧黠，甚眷念之。因乘间渐以邪说进，且述厥夫殷勤意。澹然佯诺，谋于司马，姑勿露机，反厚遇之。因令入司马家晤语。初亦伺司马他出始一来，既而习熟，司马忽戒远游之装，澹然与订期，俾弟子先至，而黄续赋多露可也。其妾甫及门，则女奴数辈，竟拥香车入司马曲房，自是扃闭不复出，而澹然亦不复再过其旧庵矣。黄羞赧不敢言，为乡里所诮。”（《野获编》卷二十三《黄取吾兵部》）然则澹然盖一行如冰雪之妇人也。卓吾之称许澹然，非漫然也。以澹然例其他士人之妻女，亦可知其他士人之妻女为何等妇人矣。卓吾与之问答，又岂漫然也哉。故《野获编》又云：“卓吾流寓麻城，因共彼中士女谈道，刻有《观音问》等书，忌者遂以帏箔疑之，然此老狷性如铁，不足污也。”（《野获编》卷二十七《二大教主》）知言哉！问达以《观音问》一书，入卓吾以勾引士人妻女之罪，得此可以雪矣。

至卓吾狎妓及强弟狎妓事，卓吾尝自认不讳矣。又率众僧访一嫠妇，卓吾亦自谓有其事矣。惟好事者播弄口舌，遂致事态失其真耳。此数事，耿楚侗与周柳塘书皆称之为禅机，而讥其发之无当，故卓吾与柳塘书辨之曰：

我于丙戌之春，脾病载余，几成老废，百计调理，药转无效。及家属既归，独身在楚，时时出游，恣意所适，然后饱闷自消，不须山查导化之剂，郁火自降，不用参蓍扶元之药，未及半载而故吾复矣。乃知真药非假金石，疾病多因牵强，则到处从众，携手听歌，自是吾自取适极乐真机，无一毫虚假掩覆之病，故假病自瘳耳。吾已吾病，何与禅机事乎！

既在外，不得不用舍弟辈相随，弟以我故随我，我得所托矣，弟辈何故弃妻孥从我于数千里之外乎！心实怜之，故自体念之耳。又何禅机之有耶！

至于嫠妇，则兄所素知也。自我入邑中来，遣家属后，彼氏时时送茶馈果，供奉肉身菩萨，极其虔恪矣。我初不问，惟有等视十方诸供佛者，但有接而无答也。后因事闻县中，言语颇杂，我亦怪之，叱去不受供，此又邑中诸友所知也。然我心终有一点疑，以为其人既誓不嫁，二宗虽强，亦誓不许，专心供佛，希图来报，如此诚笃，何缘更有如此传闻事？故与大众一访之耳。彼氏有嗣子三十余岁，请主陪客，自有主人，既一访问，乃知孤寡无聊，真实受人欺吓也。某氏年已不称夭之外矣，老年嫠身，系秣陵人氏，亲属无堪倚者，子女俱无，其情何如，流言止于智者，故余更不信而反怜之耳。此又与学道何与乎！念我入麻城以来，三年所矣，除相爱数人外，谁肯以升合见遗者！氏既初终如一，敬礼不废，我自报德而重念之，有冤必代雪，有屈必代伸，亦其情然者。亦何禅机之有，而以见南子事相证也！（《温陵集》卷四《答周柳塘》）

然则听歌疗病，何遽白昼同浴，送茶馈果，岂便携枕就宿，问达之罗织，吁可畏哉！

大抵卓吾之为人：“己不好鞍马而喜驰骋；己不好弄而喜敌道；己不好斗而喜徘徊古战场；己不好杀而喜商君、吴起、韩非之书；己不爱纷华，而喜郭汾阳穷奢极欲，以身系国家之安危；己不欲以谿刻自处，而喜于陵仲子辞三公为人灌园。”（《焦氏笔乘》卷二《宏甫书高尚册后》）其于男女之间，亦若是而已矣。而孰知为忌嫉者架叠附益，以成攻击之资料欤！

准上所述：张疏满纸秽恶，夷卓吾于淫棍，固不足深辨；而亭林不考其实，遽与王莽、安禄山、刘豫等同当一代之大变，亦岂非比拟不伦，贬斥任情者耶！

三、辨遨游四方以干权贵之诬

谢肇淛《五杂组》（卷八），近时闽李贽先仕宦至太守，而后削发为僧，又不居山寺，而遨游四方，以干权贵，人多畏其口而善待之。拥传出入，髡首坐肩舆，张黄盖，前后呵殿，意气张甚，郡县大夫，莫敢与均伏茵。

按在杭此段记载，全非事实。

卓吾之答何克斋书云：“某生于闽，长于海，丐食于卫，就学于燕，访友于白下，质正于四方，自是两都人物之渊，东南财富之产，阳明先生之徒若孙，及临济的派，丹阳正脉，但有一言之几乎道者，皆某所参礼也，不扣尽底蕴固不止矣。五十而至滇，非谋道矣，直糊口万里之外耳。三年而出滇，复寓楚，今又移寓于楚之麻城矣。人今以某为麻城人，虽某亦自以为麻城人也。”（《温陵集》卷一）此书发于麻城，而削发于麻城，是卓吾寓居麻城之前，固一汗漫万里之人也。至于削发以后，游兴已倦，除接对少数问学者外，往往闭门独坐，终年不出。其《高洁说》云："今世龌龊者，皆以余狷隘而不能容，倨傲而不能下，谓余自至黄安，终日锁门，而使方丹山有好个四方求友之讥。自住龙湖。虽不锁门，然至门而不得见，或见而不接礼者，纵有一二加礼之人，亦不久即厌弃，是世俗之论我如此也。殊不知我终日闭门，终日有欲见胜己之心也；终年独坐，终年有不见知己之恨也。"（同集卷九）与周友山书云："不肖株守黄麻十二年矣。近日方得一览黄鹤之胜，尚未眺晴川，游九峰也。"（同集卷五）复顾冲庵书云："自隐天中山以来，再卜龙湖，绝类逃虚，近二十载，岂所愿哉！"（同集卷六）可知卓吾之遨游四方，实在削发之前，而在杭谓其遨游于削发之后，其诬一也。

卓吾倔强之性，老而不减，自为县博士以至郡守，无一不与上官触。尝历数其所触诸人以寄感慨曰：

> 为县博士，即于县令触，为太学博士，即与祭酒司业触，如秦如陈如潘如吕，不一而足矣。司礼曹务，即与高尚书、殷尚书、王侍郎、万侍郎尽触也。高、殷皆入阁，潘、陈、吕皆入阁；高之扫除少年英俊名进士无数矣，独我以触忤得全，高亦人杰哉。为员外郎，不得尚书谢、大理卿董并汪意。谢无足言矣。汪与董皆正人，不宜与余抵；然彼二人者，皆急功名，清白未能过人，而自贤则十倍矣，余安得免触耶！又最苦而遇尚书赵，赵于道学有名，孰知道学益有名，而我之触益又甚也。最后为郡守，即与巡抚王触，与守道骆触。王本下流，不必道矣。骆最相知，其人最号有能有守，有文学，有实行，而终不免与之触何耶？渠过于刻厉，故遂不免成触也。（同集卷七《豫约小引·感慨平生》）

卓吾之坎坷一生，正坐此好触上官而不能干权贵耳。及其入山薙发，脱然一身，已无室家之累，则岂有更与权贵为缘之理！考卓吾自弃官后，栖息黄麻十二年，而蒙左道惑众之毁，徬徨江汉，加冠避弋，时年已六十五矣。（见同集卷五《与周友山书》）厥后龙湖再卜，枯隐数载，始往依刘晋川于沁水。《明灯道古录引》云：“晋川昔辖楚藩，始会余，与余善。至是读礼山中，余往吊焉。晋川喜余至，故留余，谓余无家属童仆，何所不可以栖托。晋川沁水人，而家于沁之坪上村。坪上去沁百里，村居不足数十家，颇岑寂。余喜其岑寂也，亦遂留。天寒夜永，语话遂长，或时余问而晋川答，或时晋川问而余应。使平子若在，不知几番绝倒矣！”（同集卷十）盖其时晋川以侍郎丁忧在籍，孤村岑寂，与卓吾挑灯寒夜，商榷古义，此在卓吾为最不易得之乐，而卓吾年已七十一矣。（《道古录引》又云：“至坪上，又闻有呼之为七十一岁李老子者，即自以为老李子云。”）次年焦弱侯归隐白下，卓吾复依之读《易》，撰《易因》一书。《易因》小序云：“今余年七十有四矣。（此指作序时，非撰书时）偶游都下，获偕焦弱侯先生南行。（同集卷九《定林庵记》，‘万历戊戌，从焦弱侯至白下’，时先生年七十二也）先生深明《易》道，其徒方时化者，亦通《易》，以先生家白下，即自新安徙家，来就先生以居，故每夜辄会，每会辄讲，每讲辄与坐而听焉。有新得，时化又辄令其徒汪本钶记载之。既成帙，即且印行以请正四海高明上士，而令余述其因如此。”（同集卷十一）《易因》者，《四库提要》（卷七《经部易类存目》一）所称较卓吾他书为谨守绳墨之书也。《小序》所称，犹其初稿。居白下三年，而至通州马主一家，复修改其书。因定名曰《九正易因》，而重为序曰：“《易因》一书，余既老复游白门而作也。三年就此，封置箧笥。上济北，读《易》于通州马侍御经纶之精舍，昼夜参详，更两年，而《易因》之旧者，存不能一二，改者且至七八矣。侍御曰，乐必九奏而后备，丹必九转而后成，《易》必九正而后定，宜仍旧名易因而加九正二字。余喜而受之，遂定其名曰《九正易因》也。”（《经义考》卷五十五引）卓吾年七十六而被逮，而《易因》之修改，亦更两年，则被逮或差后于《易因》脱稿之时耳。卓吾削发以后之行踪，大要如此。虽中间乐与卓吾周旋而礼迎之者，尚不乏人，然名位较高，情味较亲者，惟此数人而已。夫弱侯以理学为世诟病，或且视为与卓吾一鼻孔出气者，则卓吾所干之权贵，其不屑之弱侯可知。而晋川服官数十年，敝衣疏食如一日（《明史》卷二百二十三《刘东星传》），主一以疏婴人主之逆鳞，由御史连斥为民，杜门却扫，十年而卒（《明史》卷二百三十四《马经纶传》），皆不愧名臣风概，吾知人非愚妄，亦决不至目为权贵也。然则以终日读书钞写，虽新学小生不能当其勤苦之七十老翁（见《温陵集》卷十附刘晋川《书道古录首》），偶依一二在籍贤者，谈艺论学，正复何嫌何疑，而必责其枯守山寺耶！此就卓吾所与交契者言之，而可证其绝无干权贵之事实也。

卓吾狷性如铁，于妇女如是，于财货亦如是。尝自谓“一钱之人不妄，而或以千金与人；一饭之恩亦报，而或与人千金，言谢则耻之”。（《焦氏笔乘》卷二《宏甫书高尚册后》）人或疑其言以为非实，此以鄙夫之见相窥测也。盖惟能以千金与人者，斯能一钱不妄入，能一钱不妄入，斯能蹴蹋千金而不顾，取人则严，予人则宽，自古真圣贤真豪杰，莫不有此胸襟，而卓吾其一也。卓吾之述黄生曰：“黄生过此，闻其自京师往长芦抽丰，复跟长芦长官别赴新任，至九江，遇一显者，乃舍旧从新，随转而北，冲风冒寒，不顾年老生死。既到麻城，则不容不见我。见我言曰，我欲游嵩少，彼显者亦欲游嵩少，拉我同行，故至此幸得相会也。然显者俟我于城中，势不能一宿，回日当复道此，道此则多聚三五日而别，兹卒卒诚难舍去云。其言如此，其情何如？我揣其中，实为林汝宁好一口食难割舍耳。然林汝宁向者三任，彼无一任不往，往必满载而归，兹尚未厌足，如饥狗思想隔日屎，乃敢欺我以为游嵩少。夫以游嵩少藏林汝宁之抽丰，来嗛我，又恐林汝宁之疑其为再寻己也，复以舍不得李卓老，当再来访李卓老，以嗛林汝宁，名利两得，身行俱全，我与林汝宁几皆在其术中而不悟矣，可不谓巧乎！”（《温陵集》卷四《又与焦秣陵》）读此一段骂黄生文字，则知世之喋躞朱门，沾溉残沥，而犹自托清流，巧赚高名者，皆卓吾所深恶而痛恨者也，而谓卓吾躬自蹈之乎！夫卓吾所需，不过清茶豆豉之类，一二知己，不患不能供之，即不然，亦宁端坐而饿死，决不愿稍分权贵余赃以自污，此卓吾之素守也。故其戒院僧曰："有饭吃饭，无饭吃粥，有银则籴，无银则化，化不出米，则化出饭，化不出饭，则化出粥，化不出粥，则端坐而饿死，此释迦律仪也。"（同集卷七《豫约小引》）此何等斩钉截铁之语，真令吾人读之，惟有投地膜拜，不敢作一毫龌龊想矣！此就卓吾所自操持者言之，而又可证其绝无干权贵之事实也。

然则卓吾不能干权贵于削发之前，而在杭谓其干权贵于削发之后，其诬二也。

抑卓吾行径既绝异于流俗，故爱之者与恶之者皆持极端。爱之者甚欲捧之莲花座上而朝夕礼拜之，然千百人中一二人而已；恶之者必欲逐之杀之而后快，则在朝在野之假道学皆是也。卓吾之与焦弱侯书云："闻有欲杀我者，得兄分剖乃止，此自感德！然弟则以为生在中国，而不得中国半个知我之人，反不如出塞行，死为胡地之白骨也。"（同集卷五）而袁中郎与梅衡湘书亦云："卓老一袈裟地竟不能有，天下事安得复以理论哉！"（《袁中郎集》卷二十二）可知爱之者远不如恶之者之多，此卓吾所以依刘依马，愈老而愈不能安其居也。而在杭乃谓人多畏其口而善待之：夫善待之者，所谓爱之者也。畏其口者，所谓恶之者也。既恶之矣，而又畏其口而善待之，将谓卓吾之口之果足畏耶？夫当日之卓吾，傫然以一身为讪谤之的，虽十百其喙，且不能胜狺狺者影声之附和，而反谓人多畏其口，其孰信之耶！至于刘、马诸人，毅然犯流俗之所恶，而善待卓吾，固非卓有中见者不至此；虽在卓吾或未必许为真知己，而善待者之根于诚意，非为畏其口而始出此，断可知也。盖卓吾既为举世所谓名教者所不容，彼苟畏其口，则逐之杀之，必无人以议其后，且多从而称之曰："是佞人，固当为名教之杀之也！"卓吾其奈之何哉！然则在杭此语之不足信也明矣。其诬三也。

至于拥传出入等语，则与《明史》讥其冠服堂皇，同一可笑，此不复辨。

四、与耿定向交恶始末

《明史·耿定向传》，尝招晋江李贽于黄安，后渐恶之，贽小有才，机辨，定向不能胜也。沈德符《野获编》（卷二十七），李卓吾聪明盖代，议论间有过奇，然快谈雄辨，益人意智不少。焦弱侯、刘晋川皆推尊为圣人。独与耿楚倜深仇，至詈为奸逆，则似稍过。

按《明史》谓楚倜后渐恶卓吾，而不言其恶之之故；下又谓贽小有才，机辨，定向不能胜也，则其相恶之故，似仅指口舌机辨之间，可谓轻蔑卓吾之甚矣。《明史》本有意诬卓吾，不足深辨。景倩固崇信卓吾者，而亦以卓吾之仇楚倜为稍过，则二人交恶之事实，又不可以不辨。不尔，人且以卓吾为负恩刻薄人矣。

考卓吾于五十一岁赴姚安任时，留其女与婿于黄安，依楚倜兄弟，楚倜以己女己婿视之，卓吾深以为感，尝有余敢一日而忘天台之恩之语（见《温陵集·耿楚空先生传》），脱非楚倜使卓吾有大不满者在，亦岂有决然绝之之理！

卓吾之为耿楚空作传，而自述与楚倜交恶之始末曰："天台先生守定人伦之至一语在心，时时恐余有遗弃之病；余亦守定未发之中一言，恐天台或未窥物始，未察伦物之原：故往来论辩，未有休时，遂成扞格，直至今日耳。今幸天诱我衷，使余舍去未发之中，而天台亦遂顿忘人伦之至，乃知学问之道，两相合则两相从，两相守则两相病，势固然也。两舍则两忘，两忘则浑然一体，无复事矣。余是以不避老，不畏寒，直走黄安，会天台于山中，天台闻余至，亦遂喜之若狂，志同道合，岂偶然耶！然使楚空先生而在，则片言可以折狱，一言可以回天，又何至苦余十有余年，彼此不化而后乃觉耶！设使未十年而余遂死，余终可以不化耶！"卓吾自以为与楚倜相恶之故，乃在学说上之互执而不化，及其互化而不执，则相善如初矣。于是紫柏两非之曰："卓吾谓天台以人伦为至，卓吾以未发之中为人伦之至，以故互执而不化，殆十年所，乃今始化，其自叙如此。夫人伦犹波也。未发犹水也。执波为至固非矣；执水为波之至，宁不非乎！良以已发外未发，则已发无源矣。必谓未发至于已发，则未发似可取。殊不知已发未发，皆不可取，皆不可舍者也。"又曰："古德有言曰，死水固不可藏龙，活水亦岂藏龙之所，盖就假龙言耳。如真龙，则死死活活，在龙而不在水矣。卓吾卓吾，果真龙也耶？果叶公之所画者耶？"（《紫柏老人集》卷二十二）紫柏以为已发未发，皆不可取，皆不可舍，卓吾之化，实非化也，故不以真龙许卓吾；而不知此乃卓吾之托词也，亦卓吾之微词也。卓吾不欲明言其相恶之故，故但言学说上之扞格，待世人以事实参证之耳。

紫柏与卓吾本非相识，而但就卓吾此文以评卓吾，其误也宜矣。

盖卓吾与楚侗交恶之最大原因，实为楚侗之不救何心隐：

心隐者，有儒之行而不袭儒之貌者也。陈士业答张谪宿书云："弟尝与诸友论有明异人，其在世庙之末者，心隐、邓豁渠两人而已。然豁渠固负豪气，而祖死不葬，父丧不奔，见黜于名教，儒者不录。心隐生平所为，皆忠孝大节，即其诡托箕巫，隐去分宜之相，不烦批鳞请剑，而大奸忽尔败觉，其作用最奇，真能以忠而成其侠者，非豁渠之所敢并也。"（周亮工《书影》卷一）是则心隐所行，固不出世儒所谓忠孝大节，特世儒讲之而不行，心隐行之而遗其貌耳。卓吾亦所谓儒行而遗其貌者，故极推重心隐。其《何心隐论》云："吾谓公以见龙自居者也。终日见而不知潜，则其势必至于亢矣。其及也宜也。然亢亦龙也，非他物比也，龙而不亢，则上九为虚位，位不可虚，则龙不容于不亢。公宜独当此一爻者。则谓公为上九之大人可也。"（《温陵集》卷八）卓吾之与心隐，形迹虽未尽合，而其心肠骨胆，沸腾一世，终日见而不知潜，要无弗同，观其所以许心隐，即可知卓吾之所以自许，盖卓吾虽不识心隐，固已视心隐为同轨合辙之人矣。然而心隐之死，楚侗能救而不之救，卓吾又安得不恨耶！

何以云楚侗能救而不之救也？

《何心隐论》云："其又高之者曰：今观其时，武昌上下，人几数万，无一人识公者，无不知公之为冤也。方其揭榜通衢，列公罪状，聚而观者咸指其诬，至有嘘呼叱咤，不欲观焉者，则当日之人心可知矣。由祁门而江西，又由江西而南安，而湖广，沿途三千余里，其不识公之面而知公之心者，三千余里皆然也。非惟得罪于张相者，有所憾于张相而云然，虽其深相信以为大有功于社稷者，亦犹然以此举为非是，而咸谓杀公以媚张相之为非人也。则斯道之在人心，真如日月星辰，不可以盖覆矣。然公岂诚不畏死者！时无张子房，谁为活项伯？时无鲁朱家，谁为脱季布？吾人因是而益信谈道者之假也。由今而观：彼其含怒称怨者，皆其未尝识面之夫；其坐视公之死，反从而下石者，则尽其聚徒讲学之人。然则匹夫无假，故不能掩其本心，谈道无真，故必欲划其出类，又可知矣。"此谓心隐之死，乃由于聚徒讲学者之从而下石以划其出类，不尔者，心隐或未必遂死，故卓吾于《答邓明府书》中又重申其意曰："何公死不关江陵事。江陵为司业，何公只与朋辈同往一会言耳。言虽不中，而杀之之心无有也。及何公出，而独向朋辈道此人有欲飞不得之云，盖直不满之耳。何公闻之，遂有此人必当国当国必杀我等语，则以何公平生自许太过，不意精神反为所摄，于是怃然便有惧色，盖皆英雄莫肯相下之实，所谓两雄不并立于世者，此等心肠是也。自后江陵亦不记何公，而何公终日有江陵在念。偶攻江陵者首吉安人，江陵遂怨吉安，日与吉安缙绅为仇，然亦未尝仇何公者，以何公不足仇也；特何公自为仇耳。何也？何公必为首相必杀我之语，已传播于吉安及四方久矣，至是欲承奉江陵者憾无有缘，闻是，谁不甘心何公者乎！杀一布衣，本无难事，而可以取快江陵之胸腹，则又何惮而不敢为也。故巡抚缉访之于前，而继者踵其步。方其缉解至湖广也，湖广密进揭帖于江陵，江陵曰：'此事何须来问，轻则决罚，重则发遣已矣。'及差人出阁门，应城李义河遂授以意曰：'此江陵本意也，特不欲自发之耳。’吁吁！江陵何人也，胆如天大，而肯姑息此哉！应城之情状可知矣。应城于何公素有论学之忤，其杀之之心自有。又其时势焰薰灼，人之事应城者如事江陵，则何公虽欲不死，安可得耶！”（同集卷一）然则江陵实无必杀心隐之意，杀之者李义河也。楚倜与心隐为旧游，斯时固宜救之，救之亦固不难，盖楚倜雅为江陵所推重，而义河又楚倜之讲学友也。然楚倜不敢沾手，恐以此犯江陵不说学之忌（用梨洲先生《明儒学案》语），而心隐遂不免于死，是楚倜能救而不之救也。

能救而不之救，则楚倜虽不杀心隐，心隐实由楚倜而死。是故直接杀何心隐者，李义河也。间接杀何心隐者，耿楚倜也。固无怪卓吾恨之深矣。

卓吾以此事而恨楚倜，吾人可于其答楚倜书中见之：书中有云：“试观公之行事，殊无甚异于人者，人尽如此，我亦如此，公亦如此，自朝至暮，自有知识以至于今日，均之耕田而求食，买地而求种，架屋而求安，读书而求科第，居官而求尊显，博采风水以求福荫子孙，种种日用，皆为自己身家计虑，无一厘为人谋者。及夫开口谈学，便说尔为自己，我为他人，尔为自私，我欲利他。我怜东家之饥矣，又思西家之寒难可忍也。某等肯上门教人矣，是孔孟之志也；某等不肯会人，是自私自利之徒也。某行虽不谨，而肯与人为善；某等行虽端谨，而好以佛法害人：以此而观，所讲者未必公之所行，所行者又公之所不讲，其与言顾行，行顾言何异乎？以是谓孔圣之训可乎？翻思此等反不如市井小夫，身履是事，口便说是事，作生意者但说生意，力田作者但说力田，真有德之言，令人听之忘厌倦矣。”卓吾胡为以言利他而行自利讥楚倜耶？意即讥其不肯救人也。盖利己者决不肯救人。以救人之但为利他，而于己则往往无利而反有害也。又云：“东廓先生专发挥阳明先生良知之旨，以继往开来为己任，其妙处全在不避恶名，以救同类之急，公其能此乎！我知公详矣！公其再勿说谎也！”则明讥其不肯救人矣。又云：“自公倡道以来，谁是接公道柄者乎？他处我不知，新邑是谁继公之真脉者乎？面从而背违，身教自相与遵守，言教则半句不曾奉行之矣。以故我绝不欲与此间人相接，他亦自不与我接，何者？我无可趋之势故耳。吁吁！为师者忘其奔走承奉而来也，乃直任之而不辞曰，吾道德之所感召也。为弟子者，亦忘其为趋势附热而至也，乃久假而不归曰，吾师道也，吾友德也。吁！以此为学道，即稍有志向者，亦不愿与之交，况如仆哉！”（同集卷三《答耿司寇》）夫但知自利而不知利他，坐视同类之死，若无与于己事，师既如此，徒则可知。所谓讲道，无非说谎，所谓学道，无非趋势。故卓吾既绝其师，复绝其徒，恨之深斯绝之峻矣。此卓吾答书之大意也。实皆为不救心隐一事而发也。虽书中未明言其故，然皆针对其事，语语向楚侗心坎直刺。若仅在学说上有所扞格，则以卓吾与楚侗之友谊，尽可从容疏通，何至张拔如此，全不为楚侗留些子余地耶？

盖泰州以后之学者，其人多为独往独来之英灵男子，梨洲先生所谓能以赤手搏龙蛇者。其行事皆灼灼光显。喜则清风朗月，跳跃歌舞；怒则迅雷呼风，鼓浪崩沙。（用卓吾《豫约小引》语）路遇不平，则拔刀相助，一语承诺，则死生不改。是以弃妻子，鬻田产，冒毒害，犯法禁，以赴师友之难者，求之打恭作揖之世儒，则千百人不得一二，求之泰州，则磊落相望矣。即以心隐事而论：其为楚抚所囚时，罗近溪为鬻田产往援之，有讽之者曰：“梁某害道（心隐本姓梁，名汝元），宜置于法。”曰：“彼以讲学罹文网，余嘉其志，遑论其他乎！”（见《理学宗传》）及心隐既死，陈尸道旁，而心隐之门人吕光午，又为仰天痛哭，收尸掩葬。（见陈士业答张谪宿书）此皆所谓儒而侠之精神，亦即泰州学派独有之精神也。而楚侗何如？《明史》称其历徐阶、张居正、申时行、李锡爵四辅，皆能无龃龉；至居正夺情，寓书友人，誉为伊尹而贬言者。其气骨之骫靡，以视卓吾之动触上官，相去何止万里！卓吾初以其讲阳明之学而善之，及见其不救心隐，而始洞悉其肺肝，而于是深恨之，而于是痛绝之，此又泰州学派独有之精神也，而可责其过当乎！然卓吾毕竟热肠，毕竟不愿与之终绝，故十年而后，仍往会楚侗于黄安，卓吾之待朋友也如此，而以人伦为至之楚侗，其待朋友也乃如彼，然则卓吾所谓学说上之扞格，岂非卓吾之托词耶！岂非卓吾之微词耶！

五、结论

卓吾之学说，是否在今日有研究之必要？是否与宋、元诸儒同其地位，抑或驾而上之？是否与泰州诸儒同其系统，抑或别出宗旨？皆为另一问题。要其人格既堕云雾，则其学说必委榛莽，以波撼一代之学者，而徒供聊尔人之妄骂（见《南雷文定》卷三《骂先贤》），吾人在今日与卓吾无恩怨，又与某某学派无主奴出入之见，亦何惮而不为一剖其黑白耶！此本篇所以辨正事实，洗刷污蔑，而以卓吾冰雪之人格（焦竑《澹园续集》卷五《答许绳斋》：若其行如冰雪，尤弟所服膺，悠悠之论，殊未足凭耳），介绍于读者之前之主旨也。

虽然，吾人欲知卓吾一切污蔑之由来，则不能不略及其学说：

卓吾学说之起点，乃在扫荡宿闻宿见，不以前人之是非为是非：其总论《藏书·纪传》曰："前三代吾无论矣，后三代汉、唐、宋，中间千百余年，而独无是非者，岂其人无是非哉？咸以孔子之是非为是非，故未尝有是非耳。然则余之是非人也，又安能已！夫是非之争也，如岁时然，昼夜更迭，不相一也。昨日是而今日非矣，今日非而后日又是矣。虽使孔子复生于今，又不知作如何非是也，而可遽以定本行赏罚哉！"（《藏书·纪传总论》）卓吾以为孔子之是非，乃孔子时代之是非，故今日之是非，固当异于孔子时代之是非也。其论司马迁曰："观班氏父子讥迁之言，谓真足以讥迁矣，不知适以彰迁之不朽耳。夫所谓作者，谓其兴于有感，而志不容已，或情有所激，而词不可缓之谓也。若必其是非尽合于圣人，则圣人既已有是非矣，尚何待于吾也！夫案圣人以为是非，则其所言者乃圣人之言，非吾心独得之言也。言不出于由衷，情非由于所激，则无味矣。有言者不必有德，又何贵于言也！”（《藏书·司马迁》）则又以为圣人有是非，非圣人亦有是非，故司马迁之是非，固不妨谬于圣人也。卓吾曰：“夫天生一人，自有一人之用，不待取给于孔子而后足也。若必待取足于孔子，则千古以前无孔子，终不得为人乎！”（《温陵集》卷二《答耿中丞》）其论尤为痛快！由是以言：卓吾之学说，其精粗纯驳姑勿论；而能扫荡宿闻宿见，不以前人之是非为是非，则其能独出心眼，发前人所未发，以为一家之言，断可知也。然惟卓吾之大胆而后敢为是论。其次则欲言而嗫嚅矣。其次则箝口而不敢道，掩耳而不敢闻矣。故卓吾尝自称其大胆曰：“天幸生我大胆：凡昔人之所忻艳以为贤者，余多以为假，多以为迂腐不才，而不切于用。其所鄙者弃者，唾且骂者，余皆的以为可托国托家而托身也。其是非大戾昔人如此，非大胆而何！”（同集卷二十《读书乐序》）虽然，卓吾所谓大胆者，非以尽抹前人之是非为大胆也。特前人之是非，有求之事实而不安于已者，卓吾敢是非之耳。而顾泾阳曰：“李卓吾大抵是人之非，非人之是；又以成败为是非而已。”（《泾皋藏稿》卷五《柬高景逸》）是岂卓吾之所谓是非哉！夫必是人之非，非人之是，则是非仍在人而不在我。人之是者，我亦以为是则是之，我以为非则非之；人之非者，我亦以为非则非之，我以为是则是之：斯是非真在我矣。此卓吾之是非也。

观卓吾《藏书》：以张良、诸葛亮、裴度、韩琦为“忠诚”；以魏相、魏征为“经世”；以张释之、杜延年、卓茂、房琯为“循良名臣”；以屈原、汲黯、李固、杜乔为“直节名臣”；以荀卿、孟轲、邵雍、周敦颐为“德业儒臣”；以陆贽、范仲淹、司马光、朱熹为“行业儒臣”；以蔡京、贾似道为“贪贼”，张汤、裴延龄为“残贼”；李林甫、卢杞、秦桧为“奸贼”；董卓、王敦、安禄山为“逆贼”：可谓是人之非，非人之是乎！以项羽为“千古英雄”，以晋司马氏为“奸臣篡夺”，可谓以成败为是非乎！然则顾氏云云，亦殆如张问达疏中所称“以吕不韦、李园为‘智谋’，以李斯为‘才力’，以冯道为‘吏隐’，以卓文君为善择佳偶，以秦始皇为‘千古一帝’”耳。则姑就此数人论之：

卓吾以吕不韦、李园为“智谋”，二人诚智谋矣。卓吾入张良于“忠诚”，又入之于“直节”，又入之于“智谋”，以子房有智谋，又忠诚而有直节也。而吕、李则否，则仅以“智谋”称之，岂可谓过其实耶！其称李斯为“才力”，亦此意也。若秦始皇帝之破坏与建设，固所谓前无往轨者，卓吾以“千古一帝”四字拟之，而不别加予夺，亦与始皇帝身份恰当。惟其论冯道与卓文君事，则显与世儒之是非相枘凿耳。论文君曰：“方相如之客临邛也，临邛富人如程、郑、卓王孙等，皆财倾东南之产，而目不识一丁。令虽奏琴，空自鼓也，谁知琴心？其罗列宾席者，衣冠济楚，一何伟也！空自见金而不见人，但见相如之贫，不见相如之富也。不有卓氏，谁能听之！然则相如，卓氏之梁鸿也。使其时卓氏如孟光，必请于王孙，吾知王孙必不听也。嗟夫，斗筲小人，何足计事，徒失佳偶，空负良缘，不如早自抉择，忍小耻而就大计。《易》不云乎？同声相应，同气相求，同明相照，同类相招，云从龙，风从虎，归凤求凰，安可诬也！”（《藏书·文学儒臣·司马相如》）论冯道曰：“冯道自谓长乐老子，盖真长乐老子者也。孟子曰，社稷为重，君为轻，信斯言也，道知之矣。夫社者所以安民也，稷者所以养民也，民得安养而后君臣之责始塞，君不能安养斯民，而后臣独为之安养斯民，而后冯道之责始尽。今观五季相禅，潜移嘿夺，纵有兵革，不闻争城，五十年间，虽经历四姓，一十二君，并耶律契丹等，而百姓卒免锋镝之苦者，道务安养之力也。”（《藏书·吏隐外臣·冯道》）

人皆以冯道为贪顽无耻，卓吾独称其能以安养百姓为务，此固不足为训，盖将使后之以民族气节为弁髦者，有所借口！而人皆以文君为淫奔，卓吾独称其善择佳偶，此在吾人今日读之，已不复河汉其言，则卓吾尝自谓其所是非者，皆其精神心术所系，法家傅爰之书，不可轻意改移者（见《温陵集》卷一《答焦从吾》），诚属可信。顾氏不知其非非是是，皆几经斟酌而后定，而徒以是人之非，非人之是，又以成败为是非讥之，岂不陋欤！

以上略论卓吾学说之起点，未遑及其内容，然卓吾受污蔑之故在是矣。

盖卓吾之受污蔑，假道学污蔑之也。假道学非能了解卓吾学说者，其所以与之不两立者，非觝排其学说也，特以卓吾是非之说，予彼等切身利害以极大之打击，故哗然起而诬之耳。假道学褒衣大冠，堂堂巍巍，以孔子为彼等衣食富贵之坚城，日夜诵孔子之言以欺人曰，是孔子之所是也，是孔子之所非也，人以其为孔子之是非而不敢是非之，彼等亦久而忘其为欺人之是非，肆然以孔子之继承者自居矣。而卓吾独尽去依傍，自出胸臆，不特斥彼等之是非为异于孔子之是非，且昌言个人有是非，不必以孔子之是非为是非。夫但斥彼等之是非异于孔子，则孔子不复生，将谁以质孔子之是非乎？彼等犹可忍也。若并其所借口之孔子而是非之，使彼等衣食富贵之坚城，有因是而崩陷之虞，是诚彼等所不可忍矣。于是不问卓吾之所以是非，果有异于孔子？亦不问其异于孔子者，果为何等是非？日夜皇皇，奔走相告，以谋抵抗前此未有之劲敌。而其抵抗之唯一手段，即为卓吾人格之污蔑。彼等以为人格既被污蔑，则学说必为人所唾弃而不能自存，此舍难取易，避实就虚之法也。故其攻击卓吾之行事，水之唯恐不深，火之唯恐不热，凡所谓小人无忌惮之事，颠倒穿插，缤纷杂沓，丛集于卓吾之身，而卓吾之人格，遂不得齿于儒林，并不得齿于人类矣。不特卓吾不知其何以被诬如此？即诬之者亦往往不知其何以如此诬之？如上所述诸事，皆由多数假道学不根之语，辐凑架叠而成，不能确指为谁构谁事，悠悠之口，渐久而演成如山之铁案者，此类是也。

吾故为辨正其事实如上，而复赘此以为本篇结论：一以见卓吾之被诬。实非出于上述一二人之捏造，乃由多数仇视卓吾者附和影声而致此；一以见儒家思想定于一尊之时，先民旧说，往往为依草附木者利禄之资，而新学说之产生，亦往往被此辈摧折无余，而复窃其名曰卫道，卫道者愈多，而学术之推进愈缓矣。吾草此文，不能不致慨于今日之中国学术界，犹有不少三百年前之卫道人也！

（一九三二年《金陵学报》第二卷第一期）

读《广论语骈枝·微子篇》质章太炎先生

章太炎先生《广论语骈枝·微子篇》曰："柳下惠为士师，三黜，人曰：'子未可以去乎？'曰：'直道而事人，焉往而不三黜？枉道而事人，何必去父母之邦？'柳下惠为盗跖之兄，事见《庄子》，《吕览》亦以惠、跖并举。跖所过大国守城，小国入保，惠为士师，则追胥纠守，是其专职。数黜而复起者，鲁人畏跖，欲藉惠以解免耳。是即晋世王敦、王导之事也。惠去则跖必入鲁，鲁之君相无以御之，不欲显言，故以雅辞答问。"

谨按：章先生此解，可谓甚新，前人未尝有注意及之者。然窃以为未免违忤史实。

盗跖与柳下惠之关系，除《庄子·盗跖篇》外，他书殆未之见。子书记载，本与经史异科，其人其事，往往出于虚构或假借傅会，读者能遗文取义，知其为寓言斯可耳。今章先生解《论语》，乃认寓言为史实，蒙甚以为未安！敢述所疑以质章先生：

考《庄子·盗跖篇》谓"孔子与柳下季为友。柳下季之弟盗跖，从卒九千人，横行天下，所过之邑，大国守城，小国入保。孔子往说盗跖，盗跖按剑瞋目，诟辱孔子，孔子趋出，执辔三失，色若死灰"云云。庄子诋訾孔子，以此篇为最不蕴藉，而文辞鄙俚，尤与内篇绝不相类，故前人已疑其伪托。《史记》谓庄子作《渔父》、《盗跖》、《胠箧》以诋訾孔子之徒，以明老子之术，今《盗跖篇》直斥孔子，亦不见所谓老子之术，故前人又疑伪托且在《史记》之后，盖读《史记》不审而失其意者。按高诱注《吕览·异用篇》跖与企足曰：“跖，盗跖；企足，庄蹻也。皆大盗人名也。”又注《当务篇》曰：“跖，大盗之人。”不言盗跖为何时何地人。其注《淮南·主术训》，虽以盗跖为孔子时人，而亦不言盗跖为柳下惠之弟。至《说林训》惠跖并举，诚如《庄子》云云，高诱固宜注惠及跖矣；顾但言惠为展无骇之子，于跖则无一语及之，皆非以惠、跖本无关系之可牵合邪？迨宋裴骃、唐司马贞、张守节注《史记·伯夷传》，杨倞注《荀子·劝学篇》、《赋篇》，皆云盗跖为柳下惠弟，李贤注《后汉书·冯绲传》，亦录《庄子·盗跖篇》语，则伪文既行之后，诸人未加深考而遽信之耳。惟颜师古注《汉书·贾谊传》曰：“庄周云，盗跖，柳下惠之弟，盖寓言也。”此虽不知《盗跖篇》之伪，而知《盗跖篇》所叙之事，为寓言而非史实，其读书眼光，固有异乎裴骃诸人矣。夫寓言史实之辨，初不仅以书之真伪为断，其性质果属寓言，即真出庄子之手，亦决不能据为史实，况显然伪托之文乎？师古信其书而不信其事，犹可云意存矜慎，章先生信其书而又信其事，则受欺未免太甚矣！

请得而申论之：

《盗跖篇》第一语，孔子与柳下季为友，此便与史实不符。《左传》僖公二十六年，公使展喜犒齐师，使受命于展禽。杜预注，展禽即柳下惠。孔颖达《正义》谓“其人氏展，名获，字禽。柳下是其所食之邑。谥曰惠。庄子云柳下季者，季是五十字，禽是二十字”。按韦昭注《鲁语》，亦谓展禽即柳下惠；《鲁语》记展禽讥臧文仲祀海鸟爰居，而末云文仲闻柳下季之言，是展禽与柳下惠、柳下季必为一人无疑。展禽既即柳下惠、柳下季，则当问展禽是否与孔子并世？《左传》文公二年，载孔子讥臧文仲语，亦及祀爰居事，假令季为展禽五十之字，祀爰居时，正展禽字季之年，则最迟文公二年以前，柳下惠必年已五十，至孔子生时襄公二十二年，惠年且百二十余岁矣。而盗跖语又及子路之死，子路之死在哀公十五年，若柳下惠此时尚存，则年且近二百矣。（《盗跖篇》，《释文》曰：“按《左传》云，展禽是鲁僖公时人，至孔子生八十余年，若至子路之死，百五六十岁，不得为友，是寄言也。”略与吾说不同）《列女传》柳下惠妻诔柳下惠曰：“庶几遐年，今遂逝兮。”是柳下惠非甚老寿者，孔子必不与之并世，必不能与之为友，又无疑也。（《史记·仲尼弟子传》亦曰：“孔子数称臧文仲、柳下惠、铜鞮伯华、介山子，然孔子皆后之不并世。”）然则以此例彼，《盗跖篇》谓柳下季之弟名曰盗跖者，可信乎？不可信乎？且五十以伯仲叔季别字，柳下惠字季，则于兄弟之次为末矣，乃更有大盗之弟乎？此就柳下惠之年字言，可证孔子与柳下惠，柳下惠与盗跖，皆无何等关系也。

蒙以为盗跖盖有其人，然其为何时何地人，则殊难确定。

《史记·伯夷传正义》曰：“按蹠者黄帝时大盗之名，以柳下惠弟为天下大盗，故世放古号之盗跖。”其言不知何据？然由此可知《史记》所谓暴戾恣睢，日杀不辜之盗跖，流传已远，必不指柳下惠之弟。而守节泥于《庄子》伪文，遂谓前后有两盗跖，后者乃世放古号之，则曲说矣。彼楚之庄跻，亦世所目为大盗者，而读《韩非·喻老》、《吕览·介立》、《史记》、《汉书》、《后汉书·西南夷传》、《华阳国志·南中志》诸书，及高诱、司马贞注文，诚不知所谓庄跻者，为大盗乎？为将军王滇者乎？其时则不知在成王乎？庄王乎？威王乎？顷襄王乎？故王应麟《困学纪闻》（卷十二《考史》）亦谓前后有两庄跻。（杨慎亦云然，惟全袭应麟说。见《升庵集》卷七十二）盖此辈马足所到，民间口耳孳乳，愈远愈虚，以致为一人为两人而不可究诘。盗跖如此，庄跻亦如此，而盗跖为愈渺茫耳。此考之时而难于确定者。

《庄子·骈拇篇》曰：“伯夷死名于首阳之下，盗跖死利于东陵之上。”《释文》：“李颐云，谓泰山也。一云陵名。今名东平陵，属济南郡。”又段成式《酉阳杂俎》（卷九《盗侠》）曰：“高唐县有鲜卑城。城旁有盗跖冢。冢极高大，贼盗尝私祈焉。《皇览》云：‘盗跖冢在河东。’按盗跖死于东陵，此地古名东平陵，疑此近之。”考《骈拇篇》

文辞卞急卑怯，亦非庄子所作。其云东陵，不知何指？（《禹贡》及《尔雅·释地》皆有东陵名）李颐以为泰山，不过缘《盗跖篇》“休卒徒于泰山”之语，不足证泰山确为盗跖所在地也。至以东平陵为东陵，尤觉傅会可笑。汉济南郡有东平陵县，其称东平陵者，以右扶风有平陵县，故加东字以别之。亦犹左冯翊有武城，属清河郡之武城，因称东武城；代郡有平舒，属勃海郡之平舒，因称东平舒耳。非先有东陵之名，而后加平字为东平陵，亦非东平陵可省称东陵也。《皇览》之说，《史记·伯夷传集解》亦引之云：“盗跖冢在河东大阳，临河曲，直农华阴山潼乡。”（刘昭《后汉·郡国志》河东郡大阳县下注亦引《皇览》曰：“盗跖冢临河。”）又《正义》：“《括地志》云，盗跖冢在陕州河北县西二十里。河北县本汉大阳县也。”而《博物志》（卷六《地理考》）亦谓盗跖冢在大阳县西。似非漫无所据而云然者。然则高唐县有盗跖冢，大阳县亦有盗跖冢，果孰为真盗跖冢邪？《汉书·贾谊传》曰：“谓随、夷溷兮，谓跖、蹻廉。”注引李奇曰：“跖，秦大盗也。”以冢在高唐县言之，则鲁人之说为近；以冢在大阳县言之，则又秦人之说为近。鲁邪秦邪？其或非鲁非秦邪？夫古固有无其人而有其墓者，亦有有其人而其墓乃两见三见于相距甚远之地者，盖往往好事为之。此又考之地而难于确定者。

夫就柳下惠之年字言，既不能为孔子之友，盗跖之兄，而就盗跖之时地言，亦不能确定其与柳下惠孔子同时或同地，则《庄子·盗跖篇》云云，其为寓言而非史实审矣。博学如章先生，竟援之以解《论语》，蒙诚期期以为不可也。

然章先生固以为《庄子》文或为寓言，《吕览》亦以惠、跖并举，则非尽不可信矣。窃谓《盗跖篇》一文，后人有信者，有不信者。章先生信之，犹可曰受古人之欺；若章先生以《吕览》证《庄子》，则吾之惑且滋甚！《吕览》抄集前人文以成书，其抄《庄子》文亦甚夥；惟惠、跖并举，则吾仅见之于《淮南》，而未见之于《吕览》。《吕览·异用篇》曰：“仁人之得饴，以养疾侍老也。跖与企足得饴，以开闭取楗也。”《淮南·说林篇》则改其语曰：“柳下惠见饴曰，可以养老。盗跖见饴曰，可以粘牡。”是惠、跖并举，乃《淮南》而非《吕览》，而章先生谓《吕览》亦以惠、跖并举，殆吾读之未审邪？抑章先生诠释时匆促未之检也？然使《吕览》而果有惠、跖并举之文，亦不足证《盗跖篇》之非寓言而为史实。夫举人以迷善恶，岂必彼此有关系而始得并举。孟子曰：“仲子所居之室，伯夷之所筑与？抑亦盗跖之所筑与？”（《滕文公》）是伯夷与盗跖并举矣。（《庄子·骈拇篇》亦以伯夷与盗跖并举，见上文）又曰：“鸡鸣而起，孳孳为善者，舜之徒也。鸡鸣而起，孳孳为利者，跖之徒也。”（《尽心》）是舜亦与盗跖并举矣。若惠、跖并举，可证彼此之昆季关系，则舜跖、夷跖之关系又何在？古贤圣之与盗跖并举者，诸书中盖数见不鲜，章先生梗一《庄子》伪文于胸际，故见惠、跖并举，便联想及于惠、跖之兄弟关系，其实乃与舜跖、夷跖同为后人泛举之相反人型无毫发异也。杜甫《醉时歌》曰：“儒术于我何有哉？孔丘盗跖俱尘埃。”苟有人焉，执此诗以告章先生曰：“杜诗亦以孔、跖并举，此可证《盗跖篇》孔子往说盗跖之事非诬矣。”章先生得毋哑然笑其穿凿乎？然惠、跖并举之语，其穿凿殆有类于是，章先生偶率意言之不觉耳。

且蒙又进者：孟子尝极意推崇伯夷、柳下惠之人格能化百世矣。其言曰：“圣人，百世之师也。伯夷、柳下惠是也。故闻伯夷之风者，顽夫廉，懦夫有立志；闻柳下惠之风者，薄夫敦，鄙夫宽。奋乎百世之上，百世之下，闻者莫不兴起也。非圣人而能若是乎？而况于亲炙之者乎？”（《尽心》）若孟子之言，非为溢美，则柳下惠之人格，远可以化百世，近不足以化一弟何哉？虽曰下愚不移，而大猾无异上智，骨肉之间，尤有圣人所难处者，故朱、象之嵬琐，尧、舜亦不能化之（见《荀子·正论》），吾人固不当独致疑于柳下惠；然使柳下惠有盗弟而不能化，孟子但极意推崇，号之为百世之师，但侈其辞曰，百世之下犹能化鄙薄为宽敦，而柳下惠不能化其盗弟之事，则无一语及之，将何以取信于后人邪？舜与象为兄弟，舜不能化象，孟子述之甚详；惠与跖为兄弟，惠不能化跖，孟子顾隐而不言；乃至如舜跖、夷跖之泛举，章先生以为可证兄弟关系亦无之，彼孟子胡独为柳下惠讳而不为舜讳邪？而况以盗跖之名声煊赫，果柳下惠为同产，亦非孟子所得而掩覆者。是则仅据《孟子》一书，亦有以知《盗跖篇》所述，全出于作者之捏造牵合矣。（《列子·杨朱篇》亦言子产有好酒好色之兄弟而不能化，此晋人误以纵欲为杨朱之学者所伪托。其文则与《盗跖篇》极相类）夫寓言与史实，其间本有不能混淆之泾渭，然非细心读之，则有时亦不易辨。经史中尽有非史实而误为史实者，子书则十九皆为寓言。吾人试作孔子言行录，而尽录诸子记载以综核之，吾知孔子之一言一行，将无在而不呈其矛盾之状，盖子书太半喜用此等捏造牵合之文以排击异己，其学愈浅者，其卑侮人亦愈甚，《盗跖篇》特其一耳。（诸子各欲以学说争雄，此等虚构牵合之手段，亦非绝不当有者。吾人但知寓言之为寓言，则寓言何尝非史实？要之主客之位，不可不辨，此所谓史实，当属之作者自身，而不当属之文中扮演者耳）

窃谓古书浩如烟海，吾人在今日万不能耗精力之全部以穷老钻研于其间，而古代社会政治学术等之演变动态，吾人又亟待有甚酌群籍厘订严密之新史，为重映于吾人眼前，予吾人以确切之明瞭。惠、跖之是否为兄弟，事至微末，不足深辨；然魏、晋以前之书，此等记载，十占七八，假令漫无所别，谓古人之文，皆可依凭，冥采盲摭，以成所谓吾人合读之新史，则此新史所重映之古代，错杂模糊，吾人对之必仍如堕五里雾中而绝无所见，此岂吾人所期于今日学者努力之事邪？故因读章先生书，偶见惠、跖一事，而有感于寓言史实之不可不辨，遂不惮辞费而为之申论如上，颇冀读者以此推彼，于董理古书有小助云尔。

（一九三四年《金陵学报》第四卷第二期）

与夏瞿禅论改修《宋史》诸家书

《宋史》于诸史中号为芜杂，南渡以后，又极荒略，弟校以他书，往往得其牴牾所在，皆前人未尝道及者；若细细读之，并集前人诸说，成《宋史纠谬》一书，其所剔抉匡正，视吴缜之于《新唐》、《五代》，何啻倍蓰？顾弟以为今人读古籍，着眼既与前人迥殊，则万卷纵横，必别加一番检讨工夫，始有以发其藏而显其隐。数十年雨窗埋头，匆匆易逝，又奚暇规误绳愆，自列前人之诤友。惟是饥驱奔走，编务丛脞，于《宋史》一书，不特所谓纠谬者未尝作；即其中可致力之处，亦未尝稍稍致力。承吾兄垂问及此，甚愧无以请益左右也。

大抵元人修《宋史》，凭藉独厚，而考订之功，亦坐此最疏。盖宋代诸帝，皆有日历以先实录，有实录以先国史，历朝本末，不虞放失。使修史者但加整齐，怠于旁求，亦不难蔚为巨帙。然国史之修，忌讳孔多，恩怨未泯，易代编纂，非博采私家著述，详勘慎取，增补阙遗，必不能文直事核，无惭信史。而元世秉笔诸臣，恃旧乘之繁富，期汗青于俄顷，四百九十六卷之全史，竟于二三年间，匆匆卒业。观其分合国史，犹存参差之迹，则袁伯长、苏滋溪所拟购访诸书，虽令一一牒上史馆，彼辈之不愿从容探索，亦可知矣。是则芜杂荒略，何由而免？黄晋卿《跋温公通鉴草》曰："今之文人，类以敏捷相高，贵轻扬而贱持重，使温公复生，未必能与之追逐也。"晋卿以内忧未预修史之役，而彼时史臣之卤莽灭裂，轻扬自喜，则晋卿所目睹，宜其寄慨之深欤？

虽然，著述之事，或可以蔽当时，而决不能诬来世。《宋史》既出，指摘纷起，其扼腕思以欧、宋自试者，亦先后继武。元末，周以立欲改修《宋史》而未果，明正统末，其曾孙叙，复请于朝以缵先志，诏许自撰。诠次数年，未成而卒。厥后乃有王洙《宋史质》、柯维骐《宋史新编》二书。王书旨在以明继宋，柯书亦夷辽、金于外国，皆争正统以自矜义例，由今观之，但觉可嗤；然柯氏穷二十年之力，且自宫以专意虑，始成此书，其间不无一二可取之处，要非王氏之胆粗手快，但以任意抹杀为史法者比也。

归熙甫颇有改修《宋史》之愿，自谓少好司马子长书，独有所悟，而怪近世数代之史，卑鄙凡猥，不足自振，欲为删定以成一家之言；然熙甫文人，其积力于子长之书，文辞之转折波澜耳，而牵率于场屋之业，犹未足以尽子长，以云史家之别识孤裁，恐熙甫去之愈远。今熙甫《宋史》无遗稿，惟论赞一卷存别集中，寥寥二十余篇，了不异人，亦足证其经纬一代，未必能绰有余裕矣。

熙甫而后，有事于《宋史》者，则汤义仍、王损仲、刘晋卿三家。晋卿之书，未成勿论。义仍手摩《宋史》，朱墨涂乙，某传宜删，某传宜补，某人宜合某传，某人宜附某传，州分部次，已具檃括。义仍既卒，其子秘弗肯出，吴兴潘昭度抚赣得之。网罗宋代野史十余簏，招艾千子、曾弗人、徐巨源等欲卒其功而未果。嗣吕及甫婿于潘氏，得此稿并十余簏野史，请吾宗梨洲先生为之勒定，先生忻然许之。未几而及甫殂谢。及甫从子无党携以入都，无党亦逝。王渔洋仅录其目，后乃归马氏、沈氏，而终归太仓金氏。先生竟无由材官众裨，施其黼黻。盖全谢山《答李穆堂问汤氏宋史札子》之言如此。同时顾宁人削《宋史》成稿九十余册，殁后归徐健庵而旋失之。二先生以文献委输之身，当清室修《明史》时，皆抗节自远，不拜新朝之命，人皆为《明史》惜，而不知其于《宋史》，又各有一段关涉，令人追恨不置也。

损仲之稿，亦归昭度，朱竹垞尝借钞之，见《静志居诗话》，后归闻氏、王氏，今当尚在。而汤稿之归金氏者，则不可问矣。然二稿以同出吴兴，见者不免混淆莫辨。昭度所欲与曾弗人、徐巨源共事之稿，谢山属之汤氏，而《明史》属之王氏。渔洋录存凡例之本，即竹垞借钞之本，见《蚕尾集·跋宋史记凡例》；只以目有涂乙，传有增删，未敢断其必为王稿，而谢山遂以汤稿当之；则谢山之言，未尽足据。按谢山谓“汤书本纪志表皆有更定；而列传体例之最善者，如合道学于儒林，归嘉定误国诸臣于奸佞，列濮、秀、荣三王为一卷以别群宗，皆百世不易之论。至五闰禅代遗臣之碌碌者多芟，建炎以后名臣多补，庶几《宋史》之善本”。核之王氏所刻《宋史记凡例》，殆无出入。然《凡例》无奸臣叛臣等目，而汤稿似有奸佞之目。又谢山谓汤书累易其主，所存仅本纪列传，而王氏所藏之稿二百五十卷，本纪表志俱全，惟缺列传四卷耳。意者吴兴二稿，俱归无党，无党殁后，汤稿入马氏，而王稿则辗转入闻氏而王氏，谢山仅见汤稿，未见王稿，遂以王稿事著之汤稿欤？前人有谓王稿之涂乙增删，实依汤稿，盖昭度校二稿而一之。则但使王稿尚在，汤稿虽亡犹不亡矣。昭度采摭野史，以备参订二稿，亦有类于长编之书，杨傅九曾见其残本十余册，今亦不可访。

钱牧斋《跋东都事略》，谓“与损仲商榷史事，横襟相推。损仲挥斥柯氏《新编》，陈俗腐谰，徒乱人意”。今按《凡例》：立辽国、金国二传，更瀛国为帝㬎，而增端宗、帝昺二纪，列荣王于濮王、秀王，皆袭《新编》之旧。其他增删厘订，琐节细目，无关宏旨。惟不分《儒林》、《道学》一事，最为有识。寻厥大体，以视《宋史》，可云彼善于此；以视《新编》，未容强为轩轾。且王偁《东都事略》、李焘《续通鉴长编》，为北宋典实渊薮。后人改修《宋史》，而有意于博考众籍，则二书必不可废，所谓观水必观澜也。损仲属稿之际，虽尝援据《事略》，而《长编》一书，除牧斋钞自内阁之卷初数册外，竟未寓目。当时柯氏缀辑，人已病其不能藉手是书，损仲同其贫薄，而徒奋笔自雄，欲以跨越柯书，宁非侈望！竹垞谓王书“未见出人意表”，岂诬也哉？损仲尝以征事《汉书》，指腹骄人，颇近于浅流之自喜；其尘土柯书，不胜虚辞盛气，无足怪者。

至清乾隆时，陈和叔亦有《宋史》之作，王述庵赠诗云“柯、王旧本业残甚，新史何时付汗青”是也。书凡二百十九卷。纪十二，志三十四，表三，传百七十。其纠旧史之失：谓韩琦不应与陈升之、王珪同传，陈东、欧阳澈不应与宋季一僧一道士同传；康保裔战败降契丹，而误冠《忠义》；杜审琦卒于天成二年，而误冠《外戚》；李谷、窦贞固皆五代遗臣，入宋未仕，不应立传。其于《奸臣传》，则出曾布而入王安石、史弥远、史嵩之、郑之清等。然前后义例不一，纪传无论赞，志无总序，盖犹未定之稿。较之柯氏《新编》，当在伯仲之间。此钱竹汀《跋陈黄中宋史稿》云尔也。按《清史·文苑传》，称“黄中晚年病《宋史》芜杂，撰纪传表百七十卷”，与钱《跋》不符，未知何据？此稿弟所未见，无由参其管窥。然如介甫变法，犯笑怒凌群议而赴之，不悔不豫，庶几孟子所谓“大勇”。后人以“执拗”病介甫，已非介甫所甘受，而和叔遽用苏明允《辩奸论》伪文之言，入介甫于奸臣之目，可乎哉！竹汀谓介甫虽兆宋祸，而初无奸邪之心，不应入《奸臣传》，犹非确论。

最后则吾乡章、邵二先生之于《宋史》，其足令人追恨，尤有过于顾、黄者。实斋谈史，新义辐辏，刘、郑而后，允推独步，然当时惟二云知之最深，而二云之学，淹贯博综，亦惟实斋最切仰企。史才难作，并世而两，穷微入奥，莫逆于心，又皆不欲载之空言，而相督以赵宋一代为致功之标的。发愿之始，精力方盛，意气甚舒，假令合并有缘，风雨明烛，上下三百年间，以二云海涵川汇之闻见，实斋之别识创义，相资为用，纲纪鸿业，无论同编异纂，要其旨趣，必有以冥会于规矩准绳之外，而卓然千古。虽不能决其必胜黄、顾，而成书之望，以较梨洲先生之一诺难践，初未窜笔，亭林之孤力营构，崦嵫已迫者，固为易操左券。失之顾、黄，收之邵、章，何快如之！其书若行，不特芜杂荒略之《宋史》可废，即向者诸人之书，亦传之不足喜，不传不足戚矣。然而南北睽违，商讨易阻，官程私课，分力又多；五十以后，日月淹忽，钟期既殒，伯牙绝弦，美志蹉跎，终随流水，岂不重可痛哉！

二云有《南都事略》之辑，而实斋谓二云能独成全史，则彼当别撰一书，如二谢、司马诸家之《后汉》，王隐、虞预诸家之《晋书》，以备一家之学，故亦欲取名数事实，先成卷帙盈千之比类长编为刊削之资。脱此二书能完稿流传，则异日有志于《宋史》者，譬之匠氏造室，宗大桷细，是取是求，不必更以斧斤入山林，其所以拜二先生之赐，亦岂不既优既渥乎！无如实斋《长编》，迄未着手；二云《事略》浮沉难知。盖自竹汀已不能索其稿，今《养新余录》有《儒学》、《文艺》、《隐逸》三目，即竹汀所代拟者，罣漏尚多，度二云未必惬意，不足当《事略》之吉光残羽。李申言《窳记》谓"马端敏督两江，有人持此稿以献，将付局梓行，而端敏遽卒"。李莼客《越缦堂日记》又谓"曾文正将刻之，以移督直隶而止"。而谭复堂《日记》且谓"海宁唐端甫曾见活字本"。似其稿未必绝迹人间，而弟则访问已穷，久作泥牛入海想矣。弟与邵先生庐舍相望，见其嗣裔式微，著述散佚，时为悒悒！今言及《事略》消息，不免又作三日恶耳。

以上诸家撰著，偶就所见述之，不能尽悉。至牧斋、竹垞、谢山辈虽有其志，而逡巡不遑者，皆勿复及。然要可见一代记载，出之官修，则翰苑摇笔，聊充钞胥，宰臣领衔，但禀虚命，限日程功，无异反掌，出之私家，则采摭必广，裁削必精，殚神疲虑，穷老不休，始克蒇役，而一篑未施，含恨入地，往往有之，是成书之难易既如彼；官修之史，颁于学舍，美板流行，人诵户习，而私家之稿，生前不能付之梨枣，死后惟转辗于一二爱好者之破笥敝架，非遇大力赏音，鲜有不饱蠹腹，则传书之难易又如此。盖自官史之修，奉为故事，专家之学，久等刍狗，诸贤之苦心淹没，本非例外，若弟哓哓于诸书体制之得失，则责备之过论耳。讫于输近，学术多门，才智之用，横驰旁突，皆可建树，区区一史佳恶，谁复厝意？而吾兄乃于讲授余隙，继轨曩贤，董治加密，斯亦可谓荒谷之足音也已。

《宋史》东都芜杂，南都荒略，笔削之功，后难于前。钱抑之之《南宋书》，直是钞《宋史》而节去奏疏及官阶而已。彼不知南都之当增补而但芟削，可谓妄作。吾兄于《宋史》先治南都，于南都又从人表入手，盖先其所难，则易者自迎刃而解。弟意吾兄即但成《南宋》一史，亦当远过钱书无疑。然弟以为吾辈似不必复为此书赘讨论润色之勤。此书卷帙繁富，吾辈但以史料视之，要亦《事略》、《长编》之比。必如诸贤之瑕疵此书，图为帝王别成较善之家乘，今固无此蕲求矣。若夫人表乃专门之学，万季野所以迥绝千古者，吾兄于此致深沉之力，不朽盛业，自可预卜。宋代人表，除宋人所撰之《中兴三公年表》外，季野有《宋大臣年表》，近人吴廷燮有《北宋经抚年表》及《南宋制抚年表》各二卷，吾兄又为南宋之理学文学立表，则其事更切，其用弥宏；仰企之殷，幸快先睹。此与改修《宋史》可分两事，固不必附庸《宋史》为也。弟顽钝懒废，学无所名，懔家业之胥坠，怀梓桑之敬恭，甚望吾兄有以策之！庶几骐骥千里，一日而通，驽马十舍，兼旬亦至尔。

（一九三六年《文澜学报》第二卷第一期）

从主编者意图上估计《四库全书》之价值

教育部近又景印《四库全书》罕传本之举，余窃未敢同意。四库书之修，其间含有两重作用，而其书之价值，亦因此两重作用而大成问题，似不得不于景印之前，加以估计。所谓两重作用者：其一为帝王假右文稽古之名，行铲除嫌忌之实，近心史先生已论之颇详，余于《〈明史〉编纂考略》文中亦详论之，盖即以修《明史》之手腕，继续施之于修规模加大之四库书，欲自此尽绝前人嫌忌文字之根株以为快也。其一则为当时有力之学者，欲假此修书一事，以造成一代学术之风气。此余个人管见，诸同志未尝论及，恐所言未能尽合事实，然亦不得谓为全非事实。谨略申于此，以就正于今日之关心此事者。

考有清一代学术，以考证学为中心；其考证之领土，由群经而及于古史，及于诸子，视汉之考证学仅限于经部者，广狭不可同日语，此已为吾人所公认。清代学术何以有此一种灿烂之成绩？则以学者遭遇猜嫌忌讳之异族君主，既不能以其经济抱负，直接施之于政或间接著之于书；而宋之理学，自明以来，新说递增，纷歧愈甚，亦欲起而夺其柄，于是不期而竟托其精神思虑于考证之一途，此事实亦当为吾人所公认。虽然，使无当时有力之学者为之推挽于其间，则此等虫鱼穿穴之事，恐仍为少数经师之专业，而不能蔚为一代风气。四库书之修，就保存古书论，其功罪固不足相蔽，就清代之考证学论，则不可谓非极大之助力。盖其时总修四库书之学者，实与帝王同一不忠于古书；而以其“标榜汉学，排除宋学”之作用，寓之于予夺古书，欲以造成考证学之风气也。

其人为谁？即纪晓岚氏。其证维何？即《四库提要》是。就形式观之，《提要》似为多人心血之结晶品，其实此书经纪氏之增窜删改，整齐画一而后，多人之意志已不可见，所可见者，纪氏一人之主张而已。

考朱珪为纪氏撰墓志铭云："公馆书局，笔削考核，一手删定，为《全书总目》，裒然巨观。"（《知足斋文集》卷五）其祭纪氏文亦云："生入玉关，总持四库，万卷提纲，一手编注。"（同集卷六）又江藩《国朝汉学师承记》云："《四库全书提要》、《简明目录》皆出公手，大而经史子集，以及医卜词曲之类，其评论抉奥阐幽，词理明正，识力在王仲宝、阮孝绪之上，可谓通儒矣。"又阮元序纪氏文集云："高宗纯皇帝命辑《四库全书》，公总其成，凡六经传注之得失，诸史记载之异同，子集之支分派别，罔不抉奥提纲，溯源彻委，所撰定《总目提要》，多至万余种。"珪为纪氏同年，又为修书时总阅官之一，藩与元亦及见纪氏，皆云《提要》为纪氏一手所定。而纪氏文集笔记中，亦时时及之，直认其事，无所逊让：如《文集》（卷八）《济众新编序》云："余校录《四库全书》：子部凡分十四家，儒家第一，兵家第二，法家第三，所谓礼乐兵刑，国之大柄也。农家医家，旧史多退之于末简，余独以农家居四，而其五为医家，农者民命之所关，医虽一技，亦民命之所关，故升诸他艺术之上也。"则《总目》之分类出其手矣。《周易象义合纂序》（卷同上）谓"余向纂《四库全书》，作经部诗类小序曰"云云，则四部之总叙类叙皆当出其手矣。又如笔记《姑妄听之》中谓"余作《四库全书总目》，明代集部以练子宁至金川门卒龚诩八人，列解缙、胡广诸人前，并附按语曰"云云，则各书先后之排列亦出其手矣。然此犹可谓为总纂应有之工作。乃若《文集》（卷八）《诗序补义序》云："余于癸巳受诏校书，殚十年之力，始勒为《总目》二百卷，进呈乙览，以圣人之志，藉经以存，儒者之学，研经为本，故经部尤纤毫不敢苟。"殚十年之力，则不仅如上述之工作可知；于经部尤纤毫不敢苟，则他部之尝加审订又可知。又若《二樟诗钞序》（卷九）云："余初学诗从玉溪入，后颇涉猎于苏、黄，于江西宗派，亦略窥涯涘。尝有场屋为余驳放者，谓余诋諆江西派，意在煽构，闻者或惑焉。及余所编《四库全书总目》出，始知所传为蜚语，群疑乃释。”则不特纪氏自认《提要》为纪氏个人之书，虽时人亦皆以《提要》所言，为足以代表纪氏个人之种种见解矣。

纪氏自谓“三十以前，讲考证之学，所坐之处，典籍环绕如獭祭；三十以后，以文章与天下相弛骤，抽黄对白，恒彻夜构思；五十以后，领修秘籍，复折而讲考证”。(《姑妄听之叙》)此两时期之考证，第一期其书不传（《汉学师承记》，少年间有撰述，今藏于家，是以世无传者），第二期之考证，则纪氏固视《提要》为其唯一之成绩也。其继《提要》而作之笔记五种，前人徒视为稗官小说无关轻重者，余亦以为与《提要》有同样之作用，不啻为《提要》之后盾。盖纪氏以为编定官书，有多方面之限制，意所欲言，笔不敢随；惟托体小说，谈狐说鬼，庄谐并陈，而时以其主张错入其间，则读者易于吸受，而《提要》所言，乃得借以映射，此纪氏之深心也。故“标榜汉学，排除宋学”之主张，在《提要》者曲而隐，在笔记者直而显，有笔记而《提要》之作用乃益见。兹略举数端如下：

其一为推崇注疏：《提要》余萧客《古经解钩沉》云：“自宋学大行，唐以前训诂之学，率遭掊击，其书亦日就散亡。沿及明人，说经者遂凭臆空谈，或荡佚于规矩之外。国朝儒学昌明，士敦实学，复仰逢我皇上稽古右文，诏校书刊《十三经注疏》颁行天下，风教观摩，凡著述之家，争奋发而求及于古。萧客是书其一也。”而笔记《如是我闻》云：“余布衣萧客言，（中略）士人视其案上皆诸经注疏，居首坐者拱手曰：‘昔尼山奥旨，传在经师，虽旧本犹存，斯文未丧，而新说叠出，嗜古者稀。先圣恐久而断绝，乃搜罗鬼箓，征召幽灵，凡历代通儒精魂尚在者，集于此地，考证遗文，以次转轮，生于人世，冀递修古书，延杏坛一线之传。子其记所见闻，告诸同志，知孔、孟所凭，在此不在彼也。’”（下略）证之《提要》所言，岂非语出一口。又笔记《滦阳消夏录》记经香阁事云：“（上略）昔尼山删定，垂教万年，大义微言，递相授受，汉代诸儒，去古未远，训诂笺注，类能窥先圣之心。又淳朴未漓，无植党争名之习，惟各传师说，笃溯渊源。沿及有唐，斯文未改。迨乎北宋，勒为注疏十三部，先圣嘉焉。诸大儒虑新说日兴，渐成绝学，建是阁以贮之：中为初本，以五色玉为函，尊圣教也。配以历代官刊之本，以白玉为函，昭帝王表章之功也。皆南面。左右则各家私刊之本，每一部成，必取初印精好者，按次时代，庋置斯阁，以苍玉为函，奖汲古之勤也。皆东西面。并以珊瑚为签，黄金作锁钥。东西两庑，以沉檀为几，锦绣为茵，诸大儒之神，岁一来视，相与引坐于斯阁。后三楹则唐以前诸儒经义，帙以纂组，收为一库。自是以外，虽著述等身，声华盖代，总听其自贮名山，不得入此门一步焉。先圣之志焉。诸书至子刻午刻，一字一句，皆发浓香，故题曰经香。盖一元斡运，二气絪缊，阴起午中，阳生子半，圣人之心，与天地通，诸大儒阐发圣人之理，其精奥亦与天地通，故相感也。”（下略）此于注疏尤备极推崇！《消夏录》之作，早于《如是我闻》，故此详而彼略，意固先后相发明也。然纪氏则故以持平之辞殿之曰：“按此事荒诞，殆尊汉学者之寓言。夫汉儒以训诂专门，宋儒以义理相尚，似汉学粗而宋学精。然不明训诂，义理何由而知，概用诋诽，视犹土苴，未免既成大辂，追斥椎轮，得济迷川，遽焚宝筏。于是攻宋儒者，又纷纷而起。故余撰《四库全书·诗部总叙》有曰：‘宋儒之攻汉儒，非为说经起见也，特求胜于汉儒而已。后人之攻宋儒，亦非为说经起见也，特不平宋儒之诋汉儒而已。’平心而论：《易》自王弼始变旧说，为宋学之萌芽，宋儒不攻，《孝经》词义明显，宋儒所争只今文古文字句，亦无关宏旨，均姑置勿议。至《尚书》、《三礼》、《三传》、《毛诗》、《尔雅》诸注疏，皆根据古义，断非宋儒所能。（俱见《提要》。《提要》中尤以论《三传》之语为多，《易》、《诗》次之。笔记《如是我闻》记后汉敦煌太守裴岑破呼衍王碑之真伪事，而因以申其意曰：“以同时之物，有目睹之人，而真伪颠倒尚如此，况于千百年外哉！”《易》之象数，《诗》之《小序》，《春秋》之《三传》，或亲见圣人，或去古未远，经师授受，端绪分明，宋儒曰："汉以前人皆不知，吾以理知之也，其类此夫。"《提要》论以上诸书所持之理由，此数语足以概之。《三传》中尤以论《左传》之语为多，笔记《槐西杂志》中亦有颇滑稽之寓言，刺宋、元儒之不信《左传》。）《论语》、《孟子》，宋儒积一生精力，字斟句酌，亦断非汉儒所及。盖汉儒重师传，渊源有自，宋儒尚心悟，研索易深。汉儒或执旧文，过于信传；宋儒或凭臆断，勇于改经，计其得失，亦复相当。惟汉儒之学，非读书稽古不能下一语；宋儒之学，则人人皆可以空谈，其间兰艾同生，诚有不尽餍人心者，是嗤点之所自来，此种虚构之词，亦非无因而作也。"盖推崇太过，自不得不迂回其辞，以饰其持平汉、宋之门面。凡《提要》中一切持平汉、宋之论，皆当作如是观。

其一为非议朱熹：清代帝王之尊朱熹，为前代所未有，文庙中升熹于十哲之次，示与诸儒悬绝，此政治上之傀儡作用，固无与于学术，然《提要》既为官书，则于熹之著述，似不宜有所非议，而顾不然！《提要·凡例》云："刘子翼入唐为著作郎弘文馆直学士，明载《唐书·刘祎之传》，而朱子《通鉴纲目》书贞观元年，征隋秘书刘子翼不至，尹起莘《发明》称特书隋官以美之，与陶潜称晋一例，是不知其人之始终，可定其品之贤否乎！"考证疏舛，厥书孔多，何必宋儒，更何必朱熹，而必以熹之《纲目》与最疏舛之赵鹏飞《春秋经筌》相提并论，轩汉必轻宋，擒贼必擒王也。综《提要》所论，纪氏于熹之著述，殆可谓无一满意：史伯璿《四书管窥提要》云："考朱子著述最多，辨说亦最夥，其间有偶然问答未及审核者，有后来考正未及追改者，亦有门人各自记录，润色增减，或失其本真者。故《文集》、《语录》之内，异同矛盾，不一而足，即《四书章句集注》与《或问》亦时有牴牾。原书具在，可一一覆按也。"（《提要》中此等语，屡见不一见）此碍于国家功令，语犹委宛。若其《论名臣言行录》谓："编中所录，如赵普之险恶，王安石之坚僻，吕惠卿之奸诈，与韩、范诸人并列，莫详其旨。明杨以慎序，谓是书各胪其实，亦《春秋》劝惩之旨，非必专以取法。又解名臣之义，以为名以藏伪，有败有不败者，其置词颇巧，然刘安世气节凛然，争光日月，《尽言集》、《元城语录》今日尚传，当日不容不见，乃不登一字，则终非后人所能喻。”而于《尽言集》明揭熹以安世尝劾程子之故，有意抑之。于《元城语录》则引董复亨《繁露园集》中所载《语录序》，谓“文公所以不录先生者，大都有三：先生尝上疏论程正叔；且与苏文忠交好；又好谈禅。文公左袒正叔，不与文忠，至禅则又心薄力拒者，以故不录”云云，而称之为“识微之论”，是直斥其以门户之见去取人矣。考《言行录》非不录安世，以四库所收非足本，而董复亨之说，又适狭纪氏之隐衷（此用魏源语。《古微堂外集》有《书〈宋名臣言行录〉后》一文，斥纪氏未检原书，徒睹董说，居为奇货。李慈铭《荀学斋日记乙集》则谓《四库总目》禀承高庙睿鉴，朱子之学，国朝所尊，岂有任臆放言，攻击先哲，如文士私家著书之比，而斥魏源乘间肆詈，为出于嫉忌汉学。盖魏源略得纪氏之意，而核诸《提要》，增饰过实，致予慈铭以指摘之资；慈铭之语，则全未知纪氏之作用者），遂使此书蒙不虞之毁。然使此书果为足本，纪氏亦必强索他故而瑕疵之。观其论《伊雒渊源录》，谓“宋谈道学者宗派自此书始，而宋人分道学门户亦自此书始。厥后声气攀援，转相依附，其君子各执意见，或酿为水火之争；其小人假借因缘，或无所不至”。举道学种种流弊而加诸此书，罪之可不谓深乎！又若与朱熹不合之唐仲友、林栗辈，为之洗刷其人品，甄录其著述（见《提要》子部唐仲友《帝王经世图谱》，经部林栗《周易经传集解》，而于《图谱》一书，极称其学有根柢），此就《提要》立场言，诚不失为公论（全祖望于朱之纠唐，林之纠朱，皆有持平之论，见《鲒埼亭集外编》卷二十四《唐说斋文钞序》，及卷二十七《读林简肃公〈周易集解〉》）；而在纪氏之作用言，不过为一种旁攻侧击之法而已。盖轩汉轾宋，擒贼擒王之念，既横亘于纪氏胸中，则凡可以乘间蹈隙，损害及于熹之著述或人品者，皆不肯轻轻放过也。然则使《言行录》果为足本，纪氏亦岂肯不用他故而瑕疵之哉！

其一为攻击讲学：聚徒讲学，不特宋儒；明之姚江，声气既广，支流尤多。故纪氏非议朱熹，同时又不得不攻击讲学，为一网打尽之计。惟姚江之学，既不容于所谓程、朱正统派，《提要》不妨直施攻击，览者可开卷得之；而于宋之周、程、张、朱诸儒，则《提要》往往意存矜慎，语取互证，故下举诸例，仍偏于宋儒中之程、朱一派。攻击之理由，约分三点：一则讲学家之论人深刻也：孙复之《春秋尊王发微》，朱熹以为虽未深于圣经，然推言治道，凛凛然可畏，终得圣人意思。纪氏则谓此书实开讲学家论人深刻之风气。《提要》云："复之论，上祖陆淳，而下开胡安国，谓《春秋》有贬无褒，大抵以深刻为主。晁公武《读书志》载常秩之言曰：'明复为《春秋》，犹商鞅之法，弃灰于道者有刑，步过六尺者有诛。'盖笃论也。而宋代诸儒。喜为苛议，顾相与推之，沿波不返，遂使孔庭笔削，变为罗织之经。"证之笔记《槐西杂志》记一丐妇涉水，于急流汹涌中，弃儿救姑，姑责妇绝祀，哭孙死，妇痴坐数日，亦立槁事，下云"有著论者，谓儿与姑较，则姑重，与祖宗较，则祖宗重。使妇或有夫，或尚有兄弟，则弃儿是，既两世穷嫠，止一线之孤子，则姑所责者是。妇虽死，有余悔焉"。于骨肉悲痛势不两全之际，而责以仓卒考虑是非轻重之宜，以为精义独造，写讲学家之罗织，使人不寒而慄！孙书亦不致如是，纪氏盖恶讲学家而甚之耳。讲学家之论人深刻，既如纪氏云云，其修己则何如？纪氏于《姑妄听之》中乃记一极可笑之事，略谓有讲学者，好以苛礼绳生徒，生徒苦之。塾后有小圃，一夕散步月下，见花间隐隐有人影，迫而诘之，则一丽人，自称狐女，言词柔婉，讲学者感之，因相燕昵。比天欲晓，促之行，自谓能从窗隙去，请勿虑。及抱经者麇至，女乃垂帐偃卧，讲学者心摇摇，然尚冀人不见，忽外言某媪来迓女，女披衣迳出，坐皋比上理鬓讫，始敛衽别去。盖生徒贿使里中新来角妓所为者。讲学者大沮，因遁去，此其调侃讲学家可谓极其虐矣。一则讲学家之徒尚空谈也：讲学家好谈张载《西铭》"万物一体"之理（张载之学，其门户虽微有殊于伊、洛，而大本则一，全祖望《宋元儒学案·序录》语），纪氏于《提要》不论，而于笔记《姑妄听之》斥之曰：“《西铭》论万物一体，理原如是，然岂徒心知此理，即道济天下乎！父母之于子，可云爱之深矣，子有疾病何以不能疗？子有患难何以不能救？无术焉而已。此犹非一身也，人之一身，虑无不深自爱者，己之疾病何以不能疗？己之患难何以不能救？亦无术焉而已。今不讲体国经野之政，捍灾御变之方，而曰吾仁爱之心同于天地之生物，果此心一举，万物即可以生乎！”其《滦阳消夏录》记武邑某公于佛寺盛谈《西铭》“万物一体”时，忽闻历声叱曰：“时方饥疫，百姓颇有死亡，汝为乡宦，不思早倡义举，施粥舍药，即应趁此良夜，闭户安眠，尚不失为自了汉；乃虚谈高论，在此讲‘民胞物与’，不知讲至天明时，还可作饭餐，可作药服否？”即与上论先后相发明者。又以真德秀《大学衍义》不列治平之目为便于讲学家之空谈也，即论之于《提要》，谓“宰驭百职，综理万端，常变经权，因机而应，利弊情伪，随事而求，其理虽相贯通，而为之有节次，行之有实际，非空谈心性，即可坐而致者”。而又斥之于《姑妄听之》曰：“西山作《大学衍义》列目至齐家而止，谓治国平天下可举而措之。不知虞舜之时，果瞽瞍允若，而洪水即平，三苗即格乎？抑犹有治法在乎？又不知周文之世，果太似徽音，而江汉即化，崇侯即服乎？抑别有政典存乎？今一切弃置，而归本于齐家，毋亦如土可生苗，即炊土为饭乎？”其他攻击空谈者尚多，惟此二书为好空谈者重要之凭籍，故纪氏尤断断焉。一则讲学家之争门户而祸宗社也：《提要庆元党禁》云：“宋代忠邪杂进，党祸相仍，国论喧呶，已一见于元祐之籍；迨南渡后，诸儒不鉴前车，又寻覆辙，求名既急，持论弥高，声气交通，贤奸混糅，浮薄诡激之徒，相率攀援，酿成门户，遂使小人乘其瑕隙，又兴党狱以中之，兰艾同焚，国势驯至于不振。《春秋》责备贤者，不能以败亡之罪，独诿诸韩侂胄也。”又云：“儒者明体达用，当务潜修，至远通方，当求实济，徒博卫道之名，聚徒讲学，未有不水火交争，流毒及于宗社者。”冯从吾《冯少墟集》云：“至于谓宋之不竞，由禁讲学，尤为牵合。考宋之党禁，始于宁宗庆元二年八月。弛于嘉泰二年二月，中间不过六七年耳。至于宝庆以后，周、程、张、邵，并从祀孔子庙庭，紫阳、东莱之流，并邀褒赠，理宗得谥为‘理’，实由于是，盖道学大盛者四五十年而宋乃亡焉。史传具存，可以覆按，安得以德祐之祸，归咎于庆元之禁乎！”合此两文观之，纪氏明以宗社之祸，为宋儒讲学争门户之结果矣。事实是否如此，姑勿论，而纪氏则固认为攻击讲学者之重要理由，且为一般反对讲学者所公认者也。

上述各端，稽之《提要》，参之笔记，一线相穿，主张显然。故谓四库书之修，帝王作用而外，尚含有纪氏“标榜汉学，排除宋学”之个人意图，似非全出附会。夫夥颐万卷，纷至沓来，个人之识解，既有所偏，帝王之指摘，又须虑及，此即令修书者坦坦荡荡，毫无主张，而取舍之间，已不能一秉至公，尽当众意，况其含有个人之意图哉！余所以不惮琐琐而揭出之者，诚痛惜几许思想上之重要著述，为是项意图而牺牲也。盖居今日而论古代学术，则汉学、宋学，皆各有其相当之价值，就哲学之立场言，宋学且较汉学为更有贡献。必推崇《十三经注疏》为无上极尊之书，则伪经（如《尚书》、《周礼》、《孝经》等）伪注（如《论语》孔注）伪疏（如孙奭《孟子疏》）亦厕其中，何尝不可瑕疵耶！紫阳能不落汉唐诸儒之窠臼，而自立一种哲学系统，姚江能不落紫阳之窠臼，而更立一种哲学系统，固各有其利弊得失，要皆为学术思想前进中所有事，故在中国哲学史上皆有极广泛影响。吾人著书立说，宜就前人成说发挥光大之，或推翻而重创之，而后学术乃得蜕变而前进。必以一二先哲之说，以范围二千年后因时代而产生之种种思想，宁为事实所许耶！纪氏于后儒之发明，概加诃诋，宜不为吾人所赞同。然程、朱之书，既为帝王政治上之傀儡作用所保障，姚江之书，权威已大，亦非纪氏所能任意取舍；纪氏所能任意取舍者，多为此两大宗之支与流裔，而姚江为尤甚，存目中历历可按。乃若溯源姚江而敢自出其新见解以摧陷旧哲学之阵地如李卓吾比者，纪氏且以为其人可诛，其书可毁，列之存目，徒以正其为名教罪人，诬民邪说而已。吁，可畏哉！余所谓几许思想上之重要著述，为是项意图而牺牲者此也。余所谓四库书之价值，因帝王学者之两重作用而大成问题者亦此也。故吾人虽认纪氏“标榜汉学，排除宋学”之意图，寓之于予夺古书，为有功于清代极著成绩之考证学；同时对纪氏之因是项意图。而牺牲不在少数之重要著述，亦不能逭其不忠于古书之罪。

以上为个人对四库之书之质量两方面皆感不满之理由，而“销毁”、“删改”、“采访遗漏”等种种减低四库书价值之原因不与焉。然则此项无数墨瀋，无数管毫所积成之巨额遗产，吾人亦不必震惊其名，视之为学问宝山矣。

夫然则即令全印四库书以饷学者，学者犹感不满，而今日所拟景印者，系四库罕传本，此实较全印为更成问题。盖思想上重要之书，既为总修者所摈弃；先哲已有权威之名籍，又不待今日付印而广播，而政府印行是项古书之目的，原在予吾人以研究古代社会经济政治等状况及其思想之便利，而非少数藏书家补架笥之空隙，少数文人留爝火之微光，则欲于此有限之罕传本中，求数百种有关学术之著述而印行之，岂不难乎？虽然，此究为一种推测之词。北平图书馆所拟三百种罕传本之目，鄙人于其有旧本底本者应废库本而用旧本底本之主张，完全赞同。至于书之内容，鄙人最近客处僻地，不特库本未尝寓目，则旧本底本亦皆无缘一读，扣槃扪烛，宁有是处。兹姑根据上述管见，有请当局应注意之一点，即选书时严格审查该书内容，多选关于古代社会经济政治状况及其思想等著述，少选无研究性之诗文集部。倘审查结果，认为满意者少，则不妨暂时放弃原有主张，而进行第二计画，如编印有清一代考证诸书，以总结考证学之成绩，或搜印四库未收书（不以阮元所呈为限），存目书，及禁书等以弥当时修书因各种原因而产生之缺憾，亦非全无价值之举。鄙人以为政府既毅然肩此发扬旧有文化之使命，衡轻权重，不厌周详，正不必以印四库书一事，频见流产，而守硁硁之节也。又印书时若兼印提要，亦非搜访原文，先加校勘不可。当时与纪氏反对之姚鼐辈，其《提要》皆有刻本，搜访尚非难事。

（一九三三年《北平图书馆馆刊》第七卷第五号）

清代纂修官书草率之一例——《康熙字典》

声明四点：

一、本文评《康熙字典》仅限于引书之误，不涉形义音切范围，盖目的不在评《字典》，而在借此以证清代纂修官书之草率。

二、本文举例，仅限于本人所校得者之一部分，王氏《考证》所校，参阅甚便，不俟更举。且以见本文所举诸误，实非王氏认为毛细不足正而遗之者。

三、本文成于客舍，案头无他字书，《字典》引书必多承袭之误，此不更辨。

四、讹字脱字，易委过于抄写刊刻，此亦不举。

一、叙言

《康熙字典》始纂于清圣祖康熙四十九年，成于五十五年，历时凡五载。总阅官为张玉书、陈廷敬；纂修官为凌绍雯、史夔、周起渭、王景曾、梅之珩、蒋廷锡、陈璋、汪瀠、励廷仪、陈邦彦、张逸少、潘从律、朱启昆、赵熊诏、薄有德、吴世焘、陈壮履、刘师恕、万经、涂天相、俞梅、刘岩、王云锦、贾国维、缪沅、蒋涟、刘灏等；纂修兼校刊官为陈世倌。

其书与《佩文韵府》、《渊鉴类函》等，皆疵累层出，不可依据。盖官修之书，资与众手，迫于期限，旷整齐之责，亏雠对之功，其不能臻于完美，势也。似不足独为《字典》病。然《字典》为通究群籍之钤键，与《佩文韵府》、《渊鉴类函》等仅供词人藻饰之用者异趣，要不当以寡陋充员，草率将事，滋惑学者。而颁行百余年，士子既冥遵盲从，以误孳误；小学家或糠秕是书，又不能不以“钦定”为嫌，且鉴于王锡侯《字贯》之祸，咸具戒心，终不敢轻议一字。洎宣宗道光七年重刊是书，始命王引之等加以校正，凡四载而得其引书之误二千五百八十八条，辑为《考证》十二册。则其时清帝之猜忌渐泯，王氏又以小学名师纲纪其事，故所正甚夥，足称《字典》诤臣。

虽然，余亦尝抽校是书，裁十之三四，复于《考证》外得其舛缪者凡五六百条，乃知王氏之摘发，殆犹未及其半。又知是书之百孔千洞，决非区区补缀所能为役；而呰窳老旧之范型，亦愈见其扞格不适于用。王氏与余之校正要为徒勤矣。

抑余窃怪王氏以来讫于晚近，《字典》气焰之隆，曾不减于颁行之初。微特冬烘村师，奉为圭臬，宁疑五经而不敢疑《字典》；即坊间所纂之新字书，亦莫不是取是准，袭舛承缪之迹，十九可验。岂积威之下，冥遵盲从之习，潜移默运于不觉欤？或彼等妄以王氏所考证，近为“鲁鱼亥豕”之末，不足损《字典》之崇高欤？若夫东西学者，旁探中土简编，未暇识许、郑以来诸家所业源流，其不能不问津于是书，益无论已。

由斯以观：《字典》之不可依据既如彼，而《字典》之尊信传播又如此，余犹可继王氏为诤臣，而不为揭竿之陈涉乎？因摭其尤纰越者，演为是文，以告国人，庶几隳偶象之庄严，转视听于朝夕。

然则以《字典》纂修之草率，推而证清代所有官书纂修之草率，必非枉屈。至此而犹有人谓清代之纂修官书，乃出于其时清帝右文之表现，非诬即妄。

二、篇名与书名误称例

一、篇名 《字典》惩《正字通》之失，引书必载篇名是矣；今考《字典》所载篇名，几于触目皆误，即童习之书不能免。略举如下：旄字引《书·牧誓》“左秉白旄以麾”而作《泰誓》。楚字引《诗·周南·汉广》“翘翘错薪，言刈其楚”，《曹风·蜉蝣》“蜉蝣之羽，衣冠楚楚”，而一作《召南》，一作《桧风》。溺字引《大雅·桑柔》“载胥及溺”，胥字引《大雅·韩奕》“侯氏燕胥”，而并作《小雅》。埽字引《周礼·地官·阍人》“掌门埽庭”，《地官》乃《天官》之误。肄字引《礼记·檀弓》“君命大夫与士肄”，则《曲礼》之误；珉字引《玉藻》“君子贵玉而贱珉”，则《聘义》之误，蛾字引《乐记》“蛾子时述之”，舂字引同篇“善待问者如撞钟，待其舂容然后尽其声”，并出《学记》。竢字引《周语》“有司已事而竢”，《齐语》也。（“已”字下有“於”字）素字引《楚语》“夫谋必素”，《吴语》也。（文作“夫谋必素见成事焉而后履之”）诣字引《史记》“代王乘传诣长安”，明当在《孝文纪》而称《秦本纪》；牸字引“天下亭亭有畜牸岁课息”，明当在《平准书》而称《封禅书》。姗字引《前汉·异姓诸侯王表》“秦自任私智，姗笑三代”，则在《诸侯王表》；瘁字引《刑法志》“是以纤微憔瘁之音作而民思忧”，则在《礼乐志》；创字引《曹参传》“身被七十创”，当作《萧何传》；债字引《晁错传》“卖田宅鬻子孙以偿债”，当作《食货志》（债作责）；亭字引《酷吏传》“张汤平亭疑法”，当作《张汤传》，盖汤在《汉书》自有传，非仍《史记》列《酷吏》也。扈字引《后汉·质帝纪》“目梁冀为跋扈将军”，当作《梁冀传》；苣字引《皇甫规传》“束苣乘城”，当作《皇甫嵩传》。了字引《晋书·傅毅传》“官事未易了也”，当作《傅咸传》。其于饤字云，“按《唐书·李远传》，人目为饤坐梨”，亦误。

钉坐梨乃崔远，非李远，见《新唐书》传一百七。程字引《庄子·秋水篇》“青宁生程，程生马”，则在《至乐篇》。圆字引《韩非子·饰邪篇》，“左手画圆，右手画方，不能两全”，则在《功名》篇。（文作“右手画圆，左手画方，不能两成”）痹字引《淮南子·俶真训》“谷气多痹”，则在《地形训》。莽字引《楚辞·天问》“草木莽莽”，《九章·怀沙》语也。舸字引左思《蜀都赋》“弘舸连舳”，《吴都赋》语也。此类或由记忆牵于近似，或由翻检忽于行页，而所引既非僻书，虽曰粗率，岂能逃于寡陋之讥哉？

又妄改篇名，亦编者读书无识处。如改《史记·项羽纪》为“项羽传”，见悟字。改《绛侯周勃世家》为“周勃传”，见庸字。改《后汉书·皇后纪》为“皇后传”，见隆字。改《方术传》为“方技传”，见轩字。其于凄字改《桥玄传》为“乔公祖传”，尤突兀。范晔父名泰，未尝改《郭泰》、《郑泰传》为“林宗、公业传”，但改“泰”为“太”，于文中称林宗、公业耳。安得桥玄独以字标传？

他若《春秋》三传，以年代篇，稍加雠勘，亦滋违舛。姑摘《左氏》以概《公》、《谷》：如旃字引桓公九年“虞公求旃”，聃字僖公二十三年“管、蔡、郕、霍、鲁、卫、毛、聃”，皇字宣公十三年“屦及于窒皇”，釜字昭公二年“豆区釜锺”，皆误早一年。烦字引定公二年“啧有烦言”，则误早二年。溜字引宣公三年“三进及溜”，则又误迟一年。至给字引僖公十三年“敢不供给”，实在四年；椽字哀公十一年“公子又使椽之”（“公子”当作“大子”），实在十七年。（王引之《考证》作十六年，亦误）则前后不相及矣。其累字引隐公十一年“相时而动，无累后人”，而作十三年，尤可笑！隐公岂有十三年哉？又昧字引文公二十六年“楚王是故昧于一来”，襄公之二十六年也。浃字宣公九年“浃辰之间，楚克三都”，成公之九年也。此类皆可谓编者粗率所致。然如菅字引成公九年“无弃菅蒯”，而作昭公二十年，则与记忆翻检都不相涉，竟未知其何因而致斯误。

二、书名 篇名难诵，书名固易识矣。至时时寓目之书，尤不应张冠李戴。而《字典》编者之模糊影响，直有类于老耄善忘，怪已。略举如下：有甲书之文，乙书似有实无，而误称乙书者：如唇字引《谷梁传》僖三年“唇亡则齿寒”，乃《公羊传》之误。（三年当作二年）运字引《史记·高帝赞》“汉承尧运”，租字引《孝文纪》“赐天下民田租之半”，并在《汉书》。枯字引《史记·诸侯表》“摧枯朽者易为力”，《史记》表无单称“诸侯”者，《汉书》有《异姓诸侯王》与《诸侯王表》，此语出《汉书·异姓诸侯王表》，亦不当单称“诸侯表”也。倚字引《前汉·韩信传》“百姓罢极怨望容容无所倚”，则《史记·淮阴侯传》之误，《汉书》惟《蒯通传》有“百姓罢极无所归命”语，而与“倚”字不相涉。有甲书之文，乙书所必无，而妄意为乙书者：如冤字引《史记·于定国传》“张释之为廷尉，天下无冤民，定国为廷尉，民自以不冤”，强字引《田延年传》“诛鉏豪强”，定国、延年皆后于司马迁，何缘更入《史记》？此《汉书》文，《史记》所必无，而编者妄意为《史记》者也。笈字引《史记·苏秦传》“负笈从师”，负笈追师乃李固事，见《后汉书·李固传》注引谢承书；《史记》但言苏秦习于鬼谷先生，不言负笈。此《后汉书》注文，《史记》所必无，而编者亦妄意为《史记》者也。有以篇名相同，而误称甲书为乙书者：如傍字引《贾子·保傅篇》“成王之生，仁者养之，孝者强之，四圣傍之”，实《大戴记·保傅篇》语。（强作缀。圣作贤）梗字引《淮南子·原道》“锄其强梗”，实韩愈《原道》语。（“为之刑以锄其强梗”）以《大戴记》为《贾子》，其误犹可说，以韩愈《原道》为《淮南·原道》，其荒唐岂可诘哉！有甲书之文，乙书虽有实异，而误称乙书者：如家字引《汉书·陆贾传》“以好畤田地善往家焉”，而称《史记》，《史记》作“可以家焉”，非“往”字。然于本书最为小疵矣。

又《字典》称“撰人”名，亦往往纠缠不清：如引谢惠连《雪赋》“初便娟于墀庑”，《祭古冢文》“以物枨拨之”等语，而作谢灵运，见娟字、枨字。引班固《东都赋》“士怒未泄”语而作左思，见泄字。

三、所引书失原文面目例

引群籍以证字义，非特资体会，利晓解，比而观之，亦足验其字孳乳先后推衍广隘之迹。然必所引能不失原文面目乃可耳。今考《字典》引书，于原文面目，似未尝稍厝之意，盖约而言之，厥有八病：

一、与他文混淆 如督字引《史记·项羽纪》“闻大王有意督过之”，《注》：“督，责也。”按《项羽纪》无注，《汉书·高帝纪》“闻将军有意督过之”，颜《注》：“督谓视责也。”编者以《汉书》注移用于《史记》，将谓《史》、《汉》可不分邪？了字引《后汉书·孔融传》“小而了了，大未必奇”，《传》文实作“夫人小而聪了，大未必奇”，《世说·言语》则作“小时了了”耳。此类相乱盖颇多。又如栈字引《前汉·张良传》“说汉王烧绝栈道”，下接崔浩云：“险绝之处，旁凿山岩，施版梁为阁也。”楬字引《周礼·秋官·蜡氏》“有死于道路者，令埋而置楬”，下接颜师古曰：“楬，杙也。椓杙于葬处，而书死者姓名也。”按崔浩语见《史记·高祖纪》“去辄烧绝栈道”《索隐》引；师古语即《汉书·酷吏·尹赏传》注文。此不标《史记》、《汉书》注，但称注者姓名，虽无大碍，而难以据校原文，亦与引书必载篇名之意左矣。

二、与注文混淆 如祖字引《礼记·乡饮酒义》“亨狗于东方，祖阳气之发于东方也”。按《仪礼·乡饮酒礼》“其牲狗也亨于堂东北”。《注》云：“祖阳气之所始也。”此以注文混淆于正文，而正文既非原文（《燕礼》作“其牲狗也，亨于门外东方”），书名亦以篇名相同而误者也。煌字引《前汉·地理志》“敦煌郡，武帝后元年分酒泉置。应劭曰：‘敦，大也。煌，盛也。’”按“武帝后元年分酒泉置”九字，为本注文，不应与敦煌字相乱。棒字引《魏志·武帝纪》“除北部都尉，造五色棒，县门左右各十余枚”。按“除北部都尉”为正文，“造五色棒”云云，则《注》引《曹瞒传》文也。

三、注误为正文 如阳字引《礼·檀弓》“阳若善之”，为“武子曰‘不亦善乎！君子表微’”之注文（其字本作“佯”，亦不应直作“阳”。疏云：“凡外貌为阳，内心为阴，此‘阳’或言‘佯’者，字相假借，义亦通也。”可见注文作“佯”不作“阳”）；而尚字引《前汉·王吉传》“娶天子女曰尚公主，娶诸侯女曰承翁主，尚承皆卑下之名”，为“汉家列侯尚公主，诸侯则国人承翁主”之注文，口气尤显然也。其于《三国志》尤多：如拣字引《魏志·袁绍传》“博爱容众，无所拣择”，捶字引《何夔传》“加其捶扑之罚”，晴字引《吴志·孙皓传》“归命侯横睛逆视”之类，皆不标注而实为注文。

四、疏误为注文 如菼字引《诗·王风》“毳衣如菼”，《传》：“郭璞曰：‘菼草色如雏在青白之间。’”毛公安得引郭璞语邪？此以疏误为注文之最显然者。又如架字引《仪礼·少宰》（“牢”讹字，《考证》已改正）《馈食注》“大夫士庙皆两下五架”，皋字引《礼·礼运》“升屋而号告曰皋某复”，《注》“皋者，引声之言也”。就字引《礼器》“大路繁缨一就”，《注》“五采一帀曰就”之类，皆出于疏而似注文，故多误。

五、误断 古书断句，时见异同，然必有其说。此则显由不经意而误。亦以编者平日读书太少，又未尝熟玩，故稍不经意，便成笑柄。如诒字引《庄子·达生》“诶诒为病数日”，原文作“诶诒为病，数日不出”。“数日”应属下“不出”。滔字引《田子方》“滔乎前而不知其所以然”，原文作“夫子不言而信，不比而周，无器而民滔乎前，而不知所以然而已矣”。滔，聚也。“无器而民滔乎前”者，谓“无人君之器而民聚于前”也。编者乃断“无器而民”为句，则“滔乎前”者将何指？无器而民，又将何解邪？涂字引《让王》“夷齐曰：‘周以涂吾身，不如避之以洁吾行’”，原文作“其并乎周以涂吾身也，不如避之以絜吾行”。涂，污也。“其并乎周以涂吾身也”者，谓“若与周俱存以污吾身”也。编者乃从“周”字读起，则所并者将何指？

周以涂吾身，又将何解邪？《庄子》文非难读者，而误断如是，他书可推知矣。又如胠字引《左传》襄二十三年“狼蘧疏为右胠”，原文作“启，牢成御，襄罢师狼蘧疏为右。胠，商子车御，侯朝、桓跳为右”。盖军左翼曰启，右翼曰胠，编者乃竟连“右胠”为句，则童习之书且不能读，奚论《庄子》？

六、误改 此所谓误改，非诚据原文改之而误，大抵亦缘记忆不清，懒于翻检，致与原文不合耳。然编者固好改文，其与原文合否，非所计及，故敢信笔以必其文，则属之误改自当。如丧字引《礼·曲礼》“送丧不逾境”，原文“逾境”作“由径”。肥字《礼运》“安之以乐而不达于顺，犹食而弗肥也”。原文作“合之以仁而不安之以乐，犹获而弗肥也。安之以乐而不达于顺，犹食而弗食也”。绡字《玉藻》“玄绡衣以为裼”，原文作“君子狐青裘豹褎，玄绡衣以裼之”。稗字引《前汉·艺文志》“小说谓之稗说”。又“稗官”，师古《注》：“小官也。”原文作“小说家者流，盖出于稗官街谈巷语道听涂说者之所造也”。垂字《谷永传》“方今四垂晏然”，原文作“三垂晏然，靡有兵革之警”。帑字引《后汉·郑弘传》“人食不足而帑藏金币”，原文“金币”作“殷积”。轩字《方技传》（技当作术）“轩渠笑自若”，原文作“儿识父母，轩渠笑悦，欲往就之”。筌字引《庄子·外物》“筌者所以得鱼，得鱼而忘筌”，原文上“得”字作“在”。在者，生致之也。著字引《韩诗外传》“士褐衣缊著未尝完也”，《外传》二原文“士”作“曾子”。煦字引韩愈《原道》“煦煦之谓仁”，原文作“彼以煦煦为仁，孑孑为义”。苓字《进学解》“是犹昌阳引年而进以狶苓也”，原文作“是所谓诘匠氏之不以杙为楹，而訾医师以昌阳引年，欲进其狶苓也”之类，其所异同，皆失原文之意。又如䌷字引《史记·太史公自序》“䌷史记金匮石室之书”，原文作“䌷史记石室金匮之书”。家字引《前汉·武帝纪》“表章六经，罢黜百家”，原文作“卓然罢黜百家，表章六经”。窈字引《淮南·道应》“可以明，可以窈”，原文作“可以窈，可以明”之类，则皆颠倒其辞。凡此皆余所谓记忆不清，懒于翻检，信笔以必其文者也。若据原文改之而有此等之误，恐编者亦无是妄耳。

七、误节 引文证训，取足晓解。剪闲汰冗，转觉醒目。但以无害原文上下之义为准。否则一句一字，不容轻去。是节文之难也。故《字典》此类之误，亦因而更多。举其尤显然者：如胁字引《晋语》“重耳过曹，闻其骈胁，欲观其状”，按原文记重耳自卫过曹，曹共公亦不礼焉，闻其骿胁，欲观其状，则欲观骿胁者为曹共公；此省“共公”句，竟若重耳欲观他人之骿胁矣。率字引《前汉·李广传》“诸将率为侯者而广军无功”，《注》：“率谓军功封赏之科著在法令者也。”按原文作“诸将多中首虏率为侯者”，此省“多中首虏”字，则“率”字为别训矣。睛字引《吴志·孙皓传》“归命侯横睛逆视”（此注误为正文，已见上），按原文作“云归命侯乃恶人横睛逆视，皆凿其眼，有诸乎？”则是归命侯恶人之横睛逆视，非归命侯横睛逆视也。编者盖以爱恶之恶为善恶之恶，故去“乃恶人”三字，不复读“皆凿其眼”句耳。至如诠字引《晋书·武陔传》“文帝数与诠论”，原文作“文帝甚亲重之，数与诠论时人”，敦字引《庄子·列御寇》“敦杖蹙之”，原文作“敦杖蹙之乎颐”之类，不易遽定为“误断”或“误节”，要其忽视上下文义，则“误断”、“误节”固同病也。

八、误增 引文有节而无增。此所谓误增，其实非误增也，盖误重其文耳。如纷字引《前汉·礼乐志》“羽旄纷纷”，《注》“纷纷言其多”。按《志》载《郊祀歌·练时日》章原文为“驾飞龙，羽旄纷”，不作“纷纷”。全章语皆三字，决无突出四字之理，此见《注》文纷纷字而增者。（纷即纷纷，故《注》文直云“纷纷言其多”也）轩字引《史丹传》“天子自临轩槛”，《注》：“轩槛，栏板也。”按《注》文：“槛，阑版也。”无“轩”字。此见正文轩字而增者。皆所谓误重其文也。大抵编者于神志不专时，偶涉上下文以为可据甲补乙，遂信笔补之耳。其失略等于讹字脱字。惟讹脱或由于钞写刊刻之不慎，此则仍当归咎于编者之卤莽自用，故列于八病之末焉。

右述八病，前四者之引文混淆，虽失原书面目，然强半不出正文与注疏之间，或事同文异之书，稍加审察，犹能辨之。后四者则譬诸造象者不准本人之状貌，妄以己意位置口鼻，丰杀上下，而但名之曰某也某也，即其亲故有不能省之者矣。以此而证字义，曾何义之得明！

虽然，岂徒八病而已哉？尤有进于此者焉。请更举之：如冠字引《史记·灌夫传》“夫名冠三军”，按《传》无此语，惟云“灌夫以此名闻天下”。温字引王褒《圣主得贤臣颂》“袭狐貉之温者，不忧至寒之凄怆”，按《汉书·王褒传》作“袭貂狐之煗者”，《文选》作“煖”，煗与煖同，并不作“温”字。此类原文皆无其字，不知编者何所据而引之？又如砥字，训“平也，均也”，引《诗·小雅》“周道如砥”。按毛《传》：“如砥，贡赋平均也。”《正义》：“砥谓砺之石。《禹贡》曰：‘砺砥砮丹。’以砥石能磨物使平，故比贡赋均也。”是砥乃磨石，以喻平均，非直以训平均，注疏诠释显然，岂编者见毛《传》平均二字，不复审上文邪？执字训“父之友曰执友”，引《礼·曲礼》“见父之执，不问不敢对”。按《曲礼》“执友称其仁也”《注》：“执友，志同者。”则不得谓父之友曰执友也。晨字训“房星，为民田时者”。引《周语》“农祥晨正”，《注》：“晨正，谓立春之日，晨中于午也。”按韦《注》尚有“农祥，房星也。农事之候，故曰农祥也”语。薛综注张衡《东京赋》“及至农祥晨正”，谓“农祥，天驷；即房星也。晨，时；正，中也”。则“晨”当训“时”，房星乃农祥，非晨也。捐字训“病死曰捐瘠”，引《列子·杨朱篇》“生相怜，死相捐”。按原文“杨朱曰：‘古语有之：生相怜，死相捐。此语至矣！相怜之道，非唯情也；勤能使逸，饥能使饱，寒能使温，穷能使达也。相捐之道，非不相哀也；不含珠玉，不服文锦，不陈牺牲，不设明器也。’”其解如此，试问与“病死”之训有何关涉？此类原文皆非其义，不知编者又何所见而引之？夫引文而无其字，有其字而非其义，欲导之明而转趋于暗，其鹘突固非失原文面目之比矣。

至若引文务早，字书责在溯流穷源，初不待言；然《字典》于此亦似未尝稍厝之意。往往其义承用已久，而《字典》随举一晚出之书以证之。甚有知为某书之文，仍以晚出之书代之者。如耗字引汉景帝后二年诏“不事官职耗乱者”语，不称《汉书·景帝纪》而称《通鉴》，盖从《通鉴》转引其文，不肯复费片时查《景帝纪》耳。则即令所引能不失原文面目，亦岂可据此昧于源流之字书，以验其字孳乳先后推衍广隘之迹哉？惟既殊于误引，不属本文范围，故但于此略及之。

（一九三六年《金陵学报》第六卷第二期）

续蔡氏《人表考校补》

《人表》不必有，《人表考》必不可无：先秦二千人之圣仁智愚，岂班氏一人之见所能差等；而先秦二千人纷纭错杂之事迹记载，非得一该备精碻之索引以资寻检，则不易会始末于群籍，雠异同于片时。故曰《人表》不必有，《人表考》必不可无。《人表》之于《人表考》，苟退其三科九品而弗论，直一紊乱罣漏之目录耳。书固有反宾为主者，《人表考》盖其类矣。

惟是考衍涉至广，梁氏势不能以一人之力，搜采辩证，洪纤靡恨。蔡云铁耕，年辈接于梁氏，拾遗箴失，成《校补》八十余条，庶几梁氏功臣；而其量乃弗敌本书二十之一，则是考之该备精碻，其诚有待于弥缝匡正者亦廑尔。

余披览之顷，详加勘对，积勤移日，复成《校补》近八十条，皆蔡氏所未及。盖不啻剩沙淘金，残树扫叶，自分鄙陋，何敢辄并曩哲言献替；要其鞠躬名编，期以尺寸为高深之助，吾意固犹蔡氏也。因姑仍旧次写存以俟来者。若夫尧舜以往，荒远难征，但增别称，尽谢众说；古冢相望，地志多诬，非经参订，亦从屏弃：斯则前修以为博闻，后学所当阙疑者已。

一、上上圣人

太昊帝宓羲氏 按亦曰羲氏。晋成公绥《故笔赋》："慕羲氏之画卦。"（《艺文类聚》五十八）亦曰风羲。梁简文帝《谢敕赉中庸讲疏启》："方知始画八卦，风羲有惭。"（《艺文类聚》五十五）

炎帝神农氏 按亦曰农帝，见《文选》张协《七命》。亦曰皇神农，见《太平御览》七十八引《春秋命历序》。

帝舜 按亦曰帝虞，见《魏书·韩麒麟传》。又按《山海经·大荒东经》，"帝俊生中容"，郭璞《传》，"俊亦舜字假借音也"。其实不然。此经叠言帝俊生中容，生晏龙，生帝鸿，生黑齿，据《左传》文公十八年，中容为高阳氏八才子之一，而帝鸿氏又为生不才子浑敦者，足证此经之帝俊，决非帝舜。（《路史·后纪》二谓黄帝名轩字玄律，罗苹《注》引此经帝俊作帝律，盖出自改，不足信）惟《大荒南经》言帝俊妻娥皇，此帝俊或指帝舜；而《大荒西经》又言帝俊生后稷，则所谓帝俊者，毕竟可疑。

帝禹夏后氏 按《考》以《太平御览》引《帝王世纪》"禹生石坳"语为他书误言"石纽"之一证，今检《御览》八十二引《世纪》本作"生禹于石纽"，不作"石坳"，而《续汉书·郡国志》蜀郡广柔县《注》亦引《世纪》云，"禹生石纽，县有石纽邑"，则作"石坳"非也。

文王周氏 按亦曰姬公。《文选》张协《七命》："隆于姬公之处岐。"李善《注》："姬公，文王也。"又姬文一称，先见《三国·魏志·王朗传》。

仲尼 按亦曰仲父，见《文选》吴质《答东阿王书》。又按孔子生而圩顶。圩顶，即《白虎通德论·圣人篇》所谓"反宇"。《史记·孔子世家索隐》："反宇者，若屋宇之反，中低而四傍高也。"

圩顶之人，非独孔子。《后汉书·高获传》“为人尼首方面”，李贤《注》：“尼首，首象尼丘山，中下，四方高也。”则圩顶无足怪。解孔子名字，要以《世家》所言为当。他说有意立异，《考》不取之是也。

二、上中仁人

柏夷亮父　按王引之曰：“亮即夷字之讹。隶书夷字或作‘羙’，与亮相似，因讹为亮。今作‘伯夷亮父’者，一本作‘夷’，一本作‘亮’，而后人误合之耳。”（《读书杂志·汉书》三）

赤松子　按松子一称，先见《后汉书·郅恽传》。又单称松。《宋书·谢灵运传》：“嗟文成之却粒，愿追松以远游。”

娥皇　女罃　按亦合称英娥，皇英。《三国·魏志·文德郭皇后传》：“英娥降妫。”又《注》引《魏书》：“妾无皇英釐降之节。”

弃　按亦曰唐稷。《文选》张协《七命》：“唐稷播其根。”

垂　按言倕为黄帝时巧人名，先见《玉篇》。

启　按亦曰姒启。庾信《贺平邺都表》：“姒启继夏禹之功。”

大戊　按《商书序》“伊陟相大戊”，《释文》“大戊，马融云，太甲子”。盖承《史记·三代世表》之误。《史记·殷纪》，太庚、太甲子，小甲、太庚子，雍己、大戊、小甲弟；而《世表》以小甲为太庚弟，故相差一世。考大戊之立，距太甲之崩，最少当五十四年（据《竹书纪年》），而在位又七十五年，不得为太甲子。《世本》与《殷纪》同。（《世表索隐》）

箕子　按亦曰箕生。王融《自庆毕故止新篇颂》：“箕生五福岂能求。”

伯夷　叔齐　按《金楼子·兴王篇》云：“时夷雍之子名伯夷、叔齐。”是夷、齐之父又名夷雍。而《大戴礼·曾子制言篇》注云：“伯夷、叔齐，孤竹君之子，初无父母；后交让国，遂远北海之滨，而终死于首阳”，谓夷、齐初无父母，彼孤竹君者非人邪！其怪诞又为他记载所无。

散宜生 按梁元帝《法宝联璧序》云：“武实止戈，秉宜生之剑。”（《广弘明集》二十）亦散氏，宜生名之一证。

成王诵 按亦曰姬诵。徐陵《王太尉僧辩答贞阳侯书》：“德逾姬诵，弥昭周旦之诚。”

吴季札 按亦曰延陵子，见《文选》曹植《赠丁仪诗》，及陆机《吴趋行》。亦曰吴季。《晋书·曹毗传》：“吴季忽万乘以解印。”

郑子产 按亦曰孙乔。《魏书·宗钦传》：“才非季札而眷深孙乔。”

左丘明 按《魏书·地形志》东平郡富城有左丘明冢。《太平寰宇记》，左丘明墓在平阴县东南五十五里，与《元和郡县志》同。皆指今山东肥城县。其云承县（即峄县）则非也。说详俞正燮《癸巳类稿》九《左丘明墓考》。

冉伯牛 按亦曰冉生。嵇康《答向子期难养生论》：“且冉生婴疾，颜子短折。”

仲弓 按《论语·雍也》子谓仲弓曰：“犁牛之子骍且角，虽欲勿用，山川其舍诸。”说者皆谓仲弓父贱人，故夫子以为喻，言父虽不善，不害于子之美也。独《论衡·自纪篇》云：“鲧恶禹圣，叟顽舜神，伯牛寝疾，仲弓洁全，颜、路庸固，回杰超伦”，竟以仲弓为伯牛之子。毛奇龄《四书剩言》一云：“先仲氏曰：‘伯牛名耕，耕与犁通。如司马牛本名耕，而孔安国谓名犁字子牛，以耕即犁也。则伯牛本名犁，其曰犁牛之子者，但言耕牛以暗刺其名与氏，所云色杂旁见也。’若然，则仲壬此言，似亦真可信者。”

三、上下智人

仓颉 按亦曰史颉。潘徽《韵纂序》：“次则史颉佐轩，察蹄迹而

取地。”(《隋书·潘徽传》)

关龙逢 按《庄子·人间世》作关龙逢,《胠箧篇》作龙逢,《吕览·必己》、《慎大》皆作龙逢,自后亦无姓关龙者,则龙逢其名也。王符《潜夫论·志氏姓》作豢龙逢,盖以关豢声近而附会为说耳。《左传》昭公二十九年,董父以扰龙事舜,赐氏曰“豢龙”。及夏帝孔甲不能食龙,而未获豢龙氏,刘累学扰龙于豢龙氏以事孔甲,孔甲嘉之,赐氏曰御龙。往古得姓受氏,荒诞本不足怪;然就其说证之:刘累所尝从学之豢龙氏,孔甲即求而未获,当已绝于孔甲之前。或未绝而逃隐,亦必改易其氏,岂应至桀时尚有所谓豢龙逢乎?

宫之奇 按亦曰宫奇。《文选》陈琳《为曹洪与魏文帝书》:“宫奇在虞,晋不加戎。”

百里奚 按百里奚为春秋闻人,孟子贤之(《万章》),而商鞅相秦,亦尝问赵良孰与五羖大夫贤(《史记·商君传》),则其行事岂容不见于《左传》?《史记·秦本纪》以《左传》僖公五年所称井伯,十三年所称百里为百里傒;三十二年所称孟明,三十三年所称百里孟明视为百里傒之子,当有所据,故《世族谱》从之。《南史·明僧绍传》亦以孟明为百里奚子。《表》分井伯、百里奚为二人,《考》以《左传》所称百里为孟明而非百里奚,并疑误。

赵衰 按桂馥《札朴》二述刘泌言:“赵衰当为赵裒。其字子余,《释诂》‘裒,多也’。《易·谦卦》‘君子以裒多益寡’是也。”余谓裒与掊通。《广雅》:“掊,减也。”《玉篇》:“裒,减也。”王念孙疏《广雅》亦引《易·谦卦》语。则谓其名以“减”为义,亦得。

孙叔敖 按孙星衍谓孙叔敖蒍贾之子,艾猎之弟。名敖,字孙叔。孙当读为“逊”,与敖相辅也。加字于名上,犹称孔父嘉之例。说详《问字堂集·孙叔敖名字考》。

范蠡 按《抱朴子·任命篇》:“范生来辱于溺箦”,此范生乃范睢,非范蠡,《考》误。又按《吕览·悔过篇》云:“故箕子穷于商,范蠡流乎江”,《离谓篇》云:“范蠡、子胥以此流”,又贾谊《新书·耳痹篇》云："事济功成，范蠡负室而归五湖"，一本作"负石而蹈五湖"，《艺文类聚》三十李陵《与苏武书》："是以范蠡赴流，屈原沉身。"似范蠡亦非令终，足备一说。

田子方　按亦曰田方，见《文选》张协《杂诗》。

赵仓堂　按《韩诗外传》八作赵苍唐。《外传》三脱"唐"字。

屈侯鲋　按葛氏传朴堂明钞本《说苑》亦作"鲋"，则作"附"者非。又按《史记·魏世家》"翟璜曰，君之子无傅，臣进屈侯鲋"，《说苑·臣术篇》同。而《世家》并载文侯十七年伐中山，使子击守之，赵仓唐傅之，则武侯之傅有赵仓唐、屈侯鲋两人。然据《韩诗外传》三，翟璜之所进者即赵苍唐，未知孰是。

泄柳　按《礼·檀弓》"叔仲皮学子柳"，郑《注》："叔仲皮，鲁叔孙氏之族。学，教也。子柳，仲皮之子。"《疏》："按《世本》，桓公生僖叔牙，叔牙生武仲休，休生惠伯彭，彭生皮为叔仲氏，故云叔孙氏之族。"《考》因疑叔仲惠伯在鲁文公时，其孙不得为穆公之臣，与子思并世，故谓《孟子》泄柳，非《檀弓》子柳。然子柳实叔仲皮之师，《檀弓》文有脱字，郑《注》初不可通。（说见姚鼐《惜抱轩笔记》二）且《孟子·告子篇》泄柳亦作子柳，似不得别为两人。意《疏》引《世本》有阙文，或此叔仲皮竟非《世本》惠伯之子也。又按《说苑·杂言篇》云："鲁穆公之时，公仪子为政，子思、子庚为臣，鲁之削也滋甚。"（《孟子·告子篇》同。惟子庚作子柳。赵《注》："子柳，泄柳也。"伪《孟子外书·文说篇》注，子庚，泄柳字，盖本此）此子庚似谓子柳。又《盐铁论·相刺篇》云："昔鲁穆公之时，公仪为相，子思、子原为之卿"，则以子柳为子原，皆不能定其误否。

乐毅　按亦曰乐生。《艺文类聚》五十九孙楚《乐毅赞》："乐生诞节。"又柳宗元《吊乐毅文序》："许纵自燕来，曰燕之南有墓焉，其志曰乐生之墓。"

四、中上

终古 按太史令，《通志·氏族略》引《风俗通义》作内史。

商子 按周寿昌曰："戴氏震谓即商容。按商容已见前，列胶鬲、微仲后。《尚书大传》云：'伯禽与康叔见周公，三见而三笞。康叔有骇色，谓伯禽曰，有商子者，贤人也。与子见之。乃见商子而问焉。'此商子无名，确非商容，确是成王时人，当是此商子无疑，益征戴说不足据矣。"（《汉书注校补》十三）

禽息 按陆机《演连珠》有"禽息碎首"之语，王孝籍《上牛弘书》，亦云"百里未用，碎禽息之首"（《隋书·王孝籍传》），盖旧记多称禽息碎首而死，惟当门当车，触阑触楹，各异其辞，此并细故，传疑可也。《论衡·儒增篇》亦但言仆头无碎首之理，初未及门车阑楹之孰真孰妄，《考》以《文选注》言"触楹"为妄，且似根于《论衡》所辨者何耶？

陈应 按《考》云未详。王念孙曰："《潜夫论·慎微篇》曰：'楚庄出陈应，爵命管苏，故能中兴强霸诸侯'，则应为楚庄王臣，故列于五参、申公子培之间。"（《读书杂志·汉书》三）

宋子罕 按《汉书·邹阳传》，"宋任子冉之计囚墨翟"，《注》："文颖曰：子冉，子罕也。"《考》未及。

子大叔 按《春秋》言世子世叔，《左传》皆作大子大叔。故《论语·宪问》之世叔，《左传》亦作大叔。僖公五年会王世子，《公羊》、《谷梁》于世字并加诠解，则"大"、"世"实不可通。《左传》作大，疑唐儒孔颖达等撰《正义》时避太宗名所改。太宗尝令毋讳二名，颖达等盖以私意易之。其后奉诏考定者，不悟颖达等已改《传》文，故桓公九年《正义》，遂谓古"世"与"大"通耳。（颖达等既改《传》文，则杜《注》与《正义》，亦当以"大"代"世"，今本"世"、

“大”杂称，自非颖达之旧）

伍子胥 按贾谊《新书·耳痹篇》言“伍子胥见事之不可为也，何笼而自投水”，亦传闻之异。《考》未及。

长沮 桀溺 按长沮、桀溺，俞樾以为非真姓名。《湖楼笔谈》一云：“夫二子者，问津且不告，岂肯以姓名自通于吾党？畇畇原隰，在水一方，夫子与仲氏，又何从谘访其姓名哉？特以二人各有问答之词，不可并为一谈，于是为假设之名以别之：曰长曰桀，美之也，桀犹杰也；曰沮曰溺，惜之也，言其沉沦而不返也。以为二人之真姓名则泥矣。”

史留 按《考》云未详。周寿昌曰：“即史籀也。本书《艺文志》，周宣王太史。又云，《史籀篇》者，周时教学童书也。又云，《仓颉》七篇，《爰历》六章，《博学》七章，文字多取《史籀篇》。足知秦汉以来，重史籀书如此，不应《表》不列其人。籀之为留，脱去上与偏旁，或古字通从省耳。《表》中如此脱省者不一。至误列于春秋时，则尚挚殷太史，而列在周任、史扁之后，《表》中多有此失，尤不足异。”（《汉书注校补》十三）

豫让 按晋王隐议向雄事有曰：“至如仲子称人以国士遇我，我以国士报之，人以凡人遇我，我以凡人报之”（《通典》九十九），此仲子岂豫让之字欤？

白起 按白起为人，小头而锐，瞳子白黑分明，先见《北堂书钞》一百五引曹植《相论》。

五、中中

邓曼 按《史记·司马相如传》“郑女曼姬”，《集解》引郭璞：“曼姬谓邓曼。”《正义》引文颖：“郑国出好女。曼者，其色理曼泽也。”又引如淳：“郑女，夏姬也。曼姬，楚武王夫人邓曼也。”颜师古注《汉书》，以文说为是。余谓邓曼知莫敖之必败，知武王之将薨，乃一具有卓识之贤夫人。相如作赋，岂无他美可举，而必拉与一淫妇联袂，诚不然矣。《考》据《相如传》以曼姬为邓曼一称，又言称姬非也，盖未审郭、如二注之误。

息妫 按息妫即息夫人。《列女传》记息夫人与息君同日自杀，与《左传》息妫不同，盖记载之歧，未足深怪。《左传》："楚子灭息，以息妫归，生堵敖及成王焉，未言。楚子问之。对曰，吾一妇人而事二夫，纵弗能死，其又奚言！"（庄十四）是息妫虽弗能死，亦非绝无羞耻者。意其入楚之初，故君念切，欲死不遂，终以荏弱屈节，含痛噤声，而宫闱流传，轻重失实，乃有与息君同日俱死之语，此《列女传》之所由与《左传》违异欤？陶方琦谓刘更生《颂》云："楚虏息君，纳其适妃"，适妃即息妫。下云"夫人持固，弥久不衰"，则指息夫人。（《汉孳室文钞·息夫人非息妫说》）明息夫人决非息妫。然诸侯之妃曰夫人，夫人即适妃矣，安得夫人之上，尚有所谓适妃乎？《颂》语本一贯，方琦强分之以为二人，殊误。要之息夫人之死与不死，虽难确定（宋之问《息夫人诗》用《列女传》，杜牧用《左传》），然谓同时有倾城之息妫，又有殉君之息夫人，断不足信。

寺人披 按俞樾曰："勃鞮者，'波'字之合音，犹头曼之合音为'栾'，寿梦之合音为'乘'也。披者，波之叚字也。《周书·职方》篇：'河南曰豫州。其浸波溠。'"郑《注》曰："《春秋传》曰：'楚子除道梁溠，营军临随，则溠宜属荆州，在此非也。'按《说文》水部，溠，荆州浸也。许说亦与郑合。盖《周礼》经文，荆、豫互误耳。波者，荆州之浸。楚即荆也。故名波字伯楚也。"（《春秋名字解诂补义》）

司马穰苴 按齐景公时，欲夺晋霸而不能，欲御吴侮而不克（全祖望《经史问答》八语），且齐亦无大司马之官，则《史记·穰苴传》所言非实。《国策·齐策》"闵王斫狐咺，百姓不附，杀陈举，宗族离心，杀司马穰苴，大臣不亲"，则闵王时固有一司马穰苴而非宗族。盖司马其姓，非其官。《赵策》"今富非有齐威、宣之余也，而将非有田单、司马之虑也”，若司马系官名，不当单称司马矣。司马迁叙兵家事，多据战国杂记，不足信。《表》列于《春秋》时，误。（《通鉴·周纪》四用《齐策》文，不入穰苴，盖其过慎）

申包胥　按厉鹗《樊榭山房续集》五有《题骠骑将军庙》诗。其庙祀申包胥，不详封号所自。

邮亡恤　按俞正燮曰：“古有两伯乐：赵之伯乐曰王良，曰邮无恤，亦曰邮良，又曰邮无正，曰王子期，曰王子于期。良乐无恤是一义，名字相发也。正期是一义，亦名字相发。盖简子时名无恤，字良，亦字乐；后避襄子名，则改名正字期矣。伯乐盖王族，故曰王，曰王子。其曰邮者，以官氏也。秦之伯乐曰孙阳，曰孙明。《庄子·马蹄篇》，《释文》云伯乐姓孙名阳。《开元占经》引石氏《星经》云：‘伯乐，天星名。主典天马。孙阳善御，故以为名。’《吕氏春秋·似顺论》言晋阳事，以《国语》邮无正为孙明，疑因伯乐而误。”（《癸巳存稿》七《伯乐异同说》）其说与《考》足相参发。《三国·魏志·陈思王植传》，“及其伯乐相之，孙邮御之”，虽分二人，而合孙阳邮无恤为一名，仍误。

董安于　按《国策·赵策》作董阏安于。王念孙《读书杂志·国策》二曰：“阏与安一字也。安与焉，古同声而通用。阏于之为安于，犹阏逢之为焉逢也。（《尔雅》大岁在甲曰阏逢，《释文》阏乌割反，又于虔反，《史记·历书》作焉逢）阏安于者，一本作阏，一本作安，而后人误合之耳。”《考》谓《国策》盖合声呼之，非。

尾生高　按谓尾生高即微生高，尾微或可通用；然尾生实非微生高。《后汉书·刘虞传》有姓尾名敦者，则微生一姓，尾亦一姓也。《燕策》之高字，疑为后人所增。

离朱　按亦曰娄子。《文选》张协《七命》：“娄子之豪，不能厕其细。”

淳于髡　接邓名世《古今姓氏书辩证》云：“《史记》有二淳于髡：其一，齐之赘婿，在《滑稽传》；其一称先生者，在《孟子传》。”

此名世读书之疏。据《史记》两传及《田完世家》所言，与《孟子》之嫂溺援手，《齐策》之一日七士，初非两般唇舌行迳。即以其年论，亦不待甚老寿而始得说齐威，见梁惠也。

荡疑 按王念孙曰："荡即薄之讹。虽姓亦有荡，然据《元和姓纂》薄姓下引《风俗通义》云卫贤人薄疑（《通志·氏族略》，《通鉴·周纪》四《注》并同），则当作薄明矣。"（《读书杂志·汉书》三）

乌获 按秦武王前已有乌获，《孟子》所举之乌获，赵《注》但言古之有力人，伪孙《疏》以秦武王时乌获当之，误。宋翔凤曰："秦武王元年，在赧王三年，孟子已七十余岁。乌获之名，未必著闻邻国，则《孟子》之乌获，非秦乌获明矣。"（《孟子赵注补正》六）《考》谓古有乌获，后人慕之以为号，盖得之。然《文子》伪书，其所引老子言，未足凭，要不知秦武王前之乌获定在何时也。

郰子 按《考》云未详。周寿昌曰："郰字经典不轻见，疑是下九等掫子重出也。掫，《诗·小雅》作聚，与郰字形近。"（《汉书注校补》十三）

宋玉 按亦曰宋生。魏张渊《观象赋序》："步秋林同宋生之戚。"（《魏书·张渊传》）

六、中下

秦医和 按和与缓或一人。缓有和义，和当为缓之字。《表》分二人，恐误。盖晋景公求医于秦而缓之术既验，故平公复求缓以治其疾耳。且缓视两君之疾，前后相去仅数十年，良医如缓，老寿至七八十，亦不得谓为绝无之事也。

蜎子 按《文选》枚乘《七发》"若庄周、魏牟、杨朱、墨翟、便蜎、詹何之伦"，李善《注》引《淮南》及高诱《注》作蜎蠉。应璩《与从弟君苗书》"便蠉称妙"，李注引《淮南》及高《注》亦作便蠉。而今《淮南·原道训》及《注》则作蜎蠉。盖皆以形声相近而舛错。其于玄渊、环渊亦然。恐与蜎子为一人，李《注》不误。王应麟《艺文志考证》于蜎子亦引李《注》为证。考《史记·田完世家》："宣王喜文学游说之士，自如驺衍、淳于髡、田骈、接子、慎到、环渊之徒七十六人，皆赐列第为上大夫，不治而议论。"《孟子荀卿传》："慎到，赵人，田骈、接子，齐人，环渊，楚人，皆学黄老道德之术。"而《七略》称"蜎子名渊，楚人"。则蜎子为环渊无疑，《考》合之是也。（《艺文志》本注并称蜎子为老子弟子，故《表》亦置鲁昭公世，与《史记》不合，恐出班固之误，未必《七略》亦然）《七发》以便蜎次于庄周、魏牟、阳朱、墨翟诸人之后，似便蜎为蜎子亦无疑，《考》据高《注》分之误矣。高《注》"詹何、娟嬛，古善钓人名"。彼依《淮南》文，注固应尔。若《七发》之便蜎，赫然与庄、墨诸显学同举，岂可厪以钓徒当之？则谓便蜎即学黄老之蜎子，似非全属附会。

越石父 按亦曰越石。《文选》王褒《四子讲德论》："越石负刍而寤晏婴。"

孟丙 按王念孙以顾说为是。孟丙当作盂丙，陆德明所见《左传》皆作"盂"，《表》作"孟"者，乃后人以误本《左传》改之。说详《读书杂志·汉书》三。

苌弘 按苌弘在周景王、敬王时。《庄子·胠箧》司马彪《注》云，"周灵王贤臣"，非。高诱注《吕览·必己》云，"周敬王大夫"，注《淮南·氾论》则云"周宣王大夫"，宣当为景之误也。又按《氾论》称苌弘车裂而死，考《庄子·胠箧》"苌弘胣"，《韩子·难言》"苌弘分胣"，胣非车裂之谓。《庄子释文》引《淮南》曰"苌弘铍裂而死"，乃知今本《淮南》，误"铍裂"为"车裂"耳。

皋鱼 按皋鱼即丘吾子，自无疑。曰皋曰丘，殆以义近致异。而"鱼"、"吾"亦往往相乱。《列子·黄帝篇》，"姬，鱼语女"。鱼即吾也。又《史记·河渠书集解》引徐广，《水经·济水注》，并谓鱼山即吾山。皆其证明。《御览》引《说苑》作吾丘子，偶误倒耳。梁武帝《孝思赋》“丘吾感风树而长悲”（《广弘明集》二十九），亦不作吾丘也。

于陵中子 按《国策·齐策》赵威后问齐使者之于陵子仲，如其文云云，必为孟子所称之陈仲子无疑。然威后用事在齐王建时，而孟子则在齐宣王时，故鲍《注》以为非一人。意陈仲子谿刻自处，作态过甚，后人恶之，因窜入此文于《国策》，假威后语以痛斥其人之可杀耳。

令尹子椒 子兰 按《淮南·人间训》“白公胜果为乱，杀令尹子椒司马子期”，此子椒必子西之误。又按《离骚》“余以兰为可恃兮”，又“椒专佞以慢慆兮”，王逸《章句》：“兰，怀王少弟司马子兰也。椒，楚大夫子椒也。”谓子兰官司马而非令尹，为怀王弟而非怀王子，与《史记》、《新序》皆异。又按李贤注《后汉书·孔融传》，谓子椒子兰，皆怀王子。一椒一兰，兄弟命名从类，似亦可信。然《注》自谓见《史记》，则《屈原传》固廑言怀王稚子子兰，未尝及子椒只字也。

公孙龙 按公孙龙有二：一为孔子弟子，见中上；一为此赵人辩坚白同异者。年世相去已远，司马贞、张守节注《史记》合为一人，其误不待深考。（王应麟、杨慎皆不以为一人。汪琬《尧峰文钞》九又辨之颇详。《考》于子石下亦辨之）惟孔子弟子公孙龙，据《索隐》：“《家语》或作‘宠’，又云‘砻’。七十子图非砻也。按字子石，则‘砻’或非谬。”盖以古人名字相应言之，砻字子石，与碫字子石同，《索隐》语良是。余因疑此辩坚白之公孙龙，字子秉，秉亦当为“乘”之误。盖“龙”、“乘”义相应，而秉则无涉于龙。且自唐殷敬慎《列子·仲尼》篇《释文》外，亦未有言公孙龙字子秉者，安见《释文》之必不误。王应麟《困学纪闻》十、《汉艺文志考证》七据之，以为《庄子·徐无鬼篇》所称之儒墨、杨、秉，秉即公孙龙，殆失之。俟更考。

唐勒 景瑳 按二人，据《史记·屈原传》，但知为楚产而与宋玉同以能赋称者。陈振孙《直斋书录解题》十六谓皆原弟子，恐非。盖祖原之从容辞令，不必弟子始然。宋玉之为原弟子，原《传》未明言，仅见王逸《九辩章句》，犹难深凭，振孙更推之唐、景，岂足信欤？

项羽　按《考》云羽年仅二十八，非也。羽初起时，年二十四，三年灭秦自王（《史记·羽本纪》有“三年灭秦定天下”，“三年遂将五诸侯灭秦”等语），羽年盖二十六七矣。更经营五年而亡其国，则当汉五年，羽年已过三十。若云二十八，是以灭秦自王时为初起时，岂可通邪？

七、下上

孔甲　按亦曰夏甲。《文心雕龙·乐府篇》：“夏甲欢于东阳，东音以发。”事本《吕览·音初篇》。

八、下中

商均　按《考》据《山海经·大荒南经》郭璞《传》，以叔均为商均一称，非。郝懿行《笺疏》云：“郭云叔均，商均，盖以为舜之子也。然舜子名义钧，封于商，见《竹书纪年》，不名叔均。而《大荒西经》有叔均为稷弟台玺之子，《海内经》又有叔均为稷之孙，准斯以言，此经叔均，盖未审为何人也。”

晋先縠　按“縠”当为“毂”，故字彘子。桂馥云。（《札朴》二）

楚郄宛　按王念孙曰：“宛当读为‘怨’。宛怨古同声，故借宛为怨。怨恶义相近，故名怨字子恶。”（《春秋名字解诂》）而胡元玉曰：“宛古‘婉’字。《说文》，婉，顺也。恶者貌丑陋之称。貌恶则欲其性婉。盖郤宛貌陋，故名婉字恶以警之。《左氏》称却宛直而和，可知其克副命名之意矣。”（《驳春秋名字解诂》）疑胡说近是。

赵括 按亦曰马服子，见《史记·韩世家》、《白起传》。

九、下下愚人

辛 按亦曰辛受，见《文选》刘峻《辩命论》。

晋骊姬 按亦曰姬氏。《后汉书·寇荣传》："申生不辞姬氏谗邪之谤。"

南子 按《晋书·夏统传》："子路见夏南，愤恚而忼忾。"以南子为夏南，不知何据？

（一九三六年《金陵学报》第六卷第二期）

辨宋祁《汉书》校语

宋庆元本《汉书》有宋祁校语，明监本引之寥寥，清殿本又据以补入，读者颇尊信之，其实乃不学者所依托，非出宋祁也。

考校语十之七八，为以意增删虚字，强班、颜简质之文以就顺习。子京修《唐书》，言艰思苦，当时或笑为摹古太过，何独于校书之顷，反疑古人之文必语语顺习乎？其矛盾不应如此。然虚字增删，虽属多事，未至不通。若《礼乐志》“足以感动人之善心而不使邪气得接焉”（《史记·乐书》：“足以感动人之善心而已矣，不使放心邪气得接焉。”《礼·乐记》同。荀子《乐论》：“足以感动人之善心，使之邪污之气无由得接焉。”），祁云，“善心而当作善心也”；《食货志》“治田勤谨，则晦益三升”，祁云，“治田勤谨，当作劝谨”；“自天子以至封君汤沐邑”，祁云，“自天子当作自天下”；《地理志》“痛乎道民之道，可不慎哉！”祁云，“慎疑作愤”；《张良传》“良少未宦事韩”（《史记》同），祁云，“宦疑是尝字”；《主父偃传》，“公皆安在，何相见之晚也！”（《史记》“公等皆安在”）祁云，“皆字疑作比”；《杨恽传》，“默而息乎，恐违孔氏各言尔志之义”，祁云，“息乎疑作自守（此据李善《文选》，五臣本亦作‘息乎’），之义疑作之善”；《丙吉传》，“夫以三公之府有案吏之名，吾窃陋焉”，祁云，“陋疑作狭”；《夏侯胜传》，“光让安世以为泄语，安世实不言”，祁云，“言字疑作泄”；《李寻传》，“夫以喜怒赏罚”，祁云，“罚疑作诛”；《韩延寿传》，“令丞啬夫三老，亦皆自系待罪”，祁云，“自字疑作同字”；

《东平思王宇传》，“流言纷纷”，祁云，“下纷字当作然”；《王莽传》，“聘诸贤良以为掾史”，祁云，“聘诸当作聘请”之类，或不必改而改，或改而文义转不可晓，是诚咄咄怪事，岂子京除增删虚字外，竟不能有一语之刊正邪？其鄙陋又不应如此。

盖造此校语者，读书甚少，廑一村儒伎俩，如以勃海郡之千童为平童；不知淛江为浙江；以出右北平俊靡县灅水为出雁门阴馆之漯水（并见《地理志》），则是未读《水经注》并未读《说文》也。《地理志》师古注，引《诗·秦风·四蕻》（《诗》今本作“驷铁”）曰：“辖车鸾镳，载獫猲獢。”“猲獢”，《诗》今本作“歇骄”。（《释文》，“歇，文又作猲。骄，本又作獢”）毛《传》：“獫、歇骄，田犬也。长喙曰獫，短喙曰歇骄。”《释文》：“獫，长喙田小犬也。”张衡《西京赋》亦作“载獫猲獢”。獫与猲獢，并田犬之名，解诗者未有异义，而校云“载獫当作载敛”，则是未读《诗传》与《西京赋》也。《杨胡朱梅云传赞》：“昔仲称不得中行，则思狂狷”，师古《注》：“《论语》载孔子曰：‘不得中行而行而与之，必也狂狷乎！狂者进取，狷者有所不为。’”此皆《论语》文，下始为师古自解，而校云“进取下应添於道二字”。接《孟子》（《尽心》）引此，但改“行”为“道”，亦无“於道”二字，校者殆误认进取语乃师古文，故辄加二字以为辞足义显，是则虽《论语》、《孟子》亦未熟读矣。“先生”之称，或称“先”，或称“生”，不必二字并称。《史记·晁错传》，“学申、商刑名于张恢先”，《汉书》作“张恢生”。《史记·晁错传》，“上招贤良，公卿言邓公”，《汉书》作“邓先”。《汉书·叔孙通传》，“叔孙生圣人”，《梅福传》，“叔孙先非不忠也”，皆谓叔孙先生。《高帝纪》，“以魏地万户封生”，《陆贾传》，“至生来，令我日闻所不闻”，“生揣我何念”，《蒯通传》，“生且休矣”，《贡禹传》，“朕以生有伯夷之廉”，亦皆先生之简称也。而校者于《公孙刘车等传赞》，“闻汝南朱生言”，云“朱”下当添“先”字，似不知生为先生之简称，岂其于前后称生称先之文，概忽焉未加之意邪？（《蒯通传》称东郭先生，

《邹阳传》称枚先生、王先生，《宣和六王传》称驷先生等，皆与称生或先者同，非有轩轾于其间）是则虽于所校之书亦未能熟读矣。此类历历可指，要之无非笑柄，妄人借名射利，无以掩其不学，而读者懵焉勿察以为真宋祁，使祁而不学如此，则其所修《唐书》，乃廑一酱瓿上物，又何劳吴缜之纠弹邪！

或谓《张良传》，"忠言逆耳利于行，毒药苦口利于病"，校云，"逆耳苦口，疑作逆于耳，苦于口"，此据《史记·淮南王安传》及刘向《说苑·正谏篇》，则其所校非尽苟焉者，未可谳其必伪。按《史记·留侯世家》亦无两于字，惟《淮南王安传》有四于字，《汉书》皆删之。援用古语，但求不失原义，裁剪固可由我，《史记》两传异辞，《汉书》或承或否，皆不烦更为损益。若以《说苑》亦有四于字，则伪《家语·六本篇》又有两而字，校者亦将据以补入乎？故此两语之校，使尝检《史记》、《说苑》而云然，则未知古语之无妨裁剪，可谓不善读书，而拟议其辞，挟诈示慎，转觉可恶；使无所据而云然，则此为校者以意增删虚字之一例，谓其虽属多事，未至不通，犹之可也，必欲以证所校之善而非出依托，相去殊远。

抑此校语之伪，全祖望亦尝设五可疑以辨之矣：谓景文身预《史记》、前后《汉书》三史刊误之役，不应引景祐刊误本俨如易代前辈之书。阳夏公者，谢希深也。景文为欧公前辈，希深、欧公之友，景文即引其语，何至尊称若此；景文卒于嘉祐六年，于刘原父亦为前辈，不应频引三刘《汉隶》而驳之；司马公身后始赠温公，以景文引其语何以亦称温公？朱子文，南渡以后人，景文又安得引其论《汉书》之语？（节《鲒埼亭集外编》卷四十八《辨宋祁〈汉书〉校本》）盖皆从子京之辈行前后，以勘定依托者称引之乖舛，且因以断其所引"南本"、"浙本"、"越本"、"邵本"，无非伪造，可谓确凿不移。然吾甚怪子京长司马光二十岁，先光死二十余年，不特如谢山云不应称光为温公，并不应引光之语，即引其语，亦不应引及光于子京死后二十余年始成之《通鉴》或其《考异》，此固荒谬之尤显然者。而主校殿本《汉书》之齐召南，渊博不亚谢山，何以竟无所睹，居然奉一白腹村儒，以与师古抗席，则知官书鹘突，古今一辙，可叹哉！

挽近流布旧籍，蔚为风气，殿本二十四史之重印，坊问屡见不一见。窃以为谢山之文，尚在殿本校刻之前，当时既未注意及之；后之读《汉书》者，因以殿本采入宋本校语，乃经几许翰苑耆宿之审阅，不容更致疑于真伪，其尝见谢山文者，又以谢山所辨，或出后人搀杂。夫物之眯目，则嫫姆倭傀，戴皎日而有遁丑，伪校语之颇为读者尊信殆以此。故吾更从依托者之不学，摘其尤可发噱之处，以取验于读者，俾读者知其鄙陋不通，虽稍读书者亦不至此，不特辈行称引之乖舛已也。抱流布古籍之愿者，倘以吾文庶几谢山之后劲，于重印殿本《汉书》时，能毅然削此伪校语而勿留只字，雪古人之污，绝方来之惑，则谢山与吾为不徒辨矣。

（一九三六年《大公报·图书副刊》第一二九期及《国学论衡》第七期）

略论《周礼》五史与《礼记》左右史

《周礼·春官·宗伯》，详载大史、小史、内史、外史、御史等五史之员额与职掌，学者多信周代之史官制度，非后世所能及。大史内史尚矣；而章学诚修《和州志》，于《氏族表》、《皇言纪》、《官师表》等序例中，论小史、外史、御史等官之专门任务，亦多所推阐，盖皆非泛设而已者。且如六官副写约剂以登大史，大史又就六官所登以副写之，则一官失守，得以取征于副本，其保存史料之法，亦视后世为密。使此等制度，果为事实，岂非甚盛！然《周礼》一书，于诸经最为晚出，真伪未有定论，所谓五史云云，考之诸书，不特繁委纤悉，偏重人事（备书天道鬼神灾祥卜筮梦等于策，即古代史官职掌，说详汪中《左氏春秋释疑》）之五史职掌，无从参证，即五史之官名，亦未能备具。今就所见试列之于下：

大史

周大史 楚子使问诸周大史。见《左》哀元年。

齐大史 齐大史书曰，崔杼弑其君。见《左》襄二十五年。

郑大史 郑使大史命伯石为卿。见《左》襄三十年。郑公孙黑强与于薰隧之盟，使大史书其名，且曰七子。见《左》昭元年。

鲁大史 晋韩宣子观书于鲁大史氏，见《易象》与鲁《春秋》

曰："周礼尽在鲁矣！"见《左》昭二年。

以上为大史之无姓名者。

史佚 《左》僖十五年，史佚有言曰："无始祸。"《注》："史佚，周武王时大史，名佚。"《周语注》同。又见文十五年、成四年、襄十四年、昭元年。《汉志》：《尹佚》二篇，《注》："周臣，在成、康时也。"《晋语》，胥臣曰："文王访于辛、尹。"《注》："辛甲、尹佚皆周太史。"《说苑·政理》引成王问政于尹逸。《周书·世俘解》云："武王降自车，乃俾史佚繇书。"则其人历文、武、成、康四朝也。

辛甲 《左》襄四年，魏绛曰："昔周辛甲之为大史也，命百官官箴王阙。"《注》："辛甲，周武王太史。"又见《晋语》、《韩非·说林》。

太史鱼 见《周书·王会篇》。

太史儋 见《史记·老子传》。

史籀 《汉志》：《史籀》十五篇。《注》："周宣王大史，作《大篆》十五篇。"

伯阳甫 《史·周纪》伯阳甫《注》，唐固曰："周柱下史老子也。"按唐固说非也。《唐宗室表》云："周平王时为太史。"

史伯 周太史，《郑语》韦《注》。《史记·郑世家》称太史伯。

大弢 《人表》有周史大弢。古字书无弢字，《篇》、《韵》始有之，当为弢字之误。《庄子·则阳篇》，仲尼问于太史大弢，盖即其人。见沈涛《铜熨斗斋随笔》。

大史克 见《左》文十八年。《鲁语》作里克。

大史固 见《左》哀十一年。

左邱明 《汉志注》，左邱明，鲁太史。

史嚚 《左》庄三十二年："神居莘六月，虢公使祝应宗区史嚚享焉。"《注》："史，大史。"又见《晋语》二。

董狐 赵穿攻灵公于桃园，宣子未出山而复。大史书曰："赵盾弑其君。"孔子曰："董狐，古之良史也。"见《左》宣二年。

史赵 《左》襄三十年，史赵曰："亥有二首六身。"《注》："史赵，晋大史。”

蔡墨 《左》昭二十九年，“魏献子问于蔡墨”，《注》：“蔡墨，晋太史。”又见《左》昭三十一年、三十二年，又见《晋语》九、《吕览·召类》、《说苑·尊贤》、《宋史·礼志》。

太史子余 见《左》襄十四年。

太史敫 见《战国策》。

太史州黎 见《说苑·君道》。

太史屠黍 见《吕览·先识》。《说苑·权谋》作屠余。

太史柳庄 见《礼记·檀弓》、《晏子春秋》、《韩诗外传》七。

华龙滑 礼孔 狄人代卫，卫师败绩。狄人囚史华龙滑与礼孔以逐卫人。二人曰：“我大史也，实掌其祭；不先，国不可得也。”见《左》闵二年。

此外如史扁（《六韬》）、史角（《吕览·当染》）、史起（《吕览·乐成》）、史雍、史定（《吕览·去宥》）、周舍、史叟（并见《说苑》）、周任（《左》隐六）、史皇（《左》定四）、史朝（《左》昭七）、史狗（《左》襄二十九，史朝子）、辛有（《左》僖二十二、昭十五、《晋语》四）、史苏（《左》僖十五、《晋语》一）、史鱼（即史鳝。《左》襄二十九、定十三、《论语》、《大戴礼·保傅》）、苌弘（《左》昭十一、定四、《周语》下、《淮南子》、《史记·封禅书》、《艺文志》）、辛廖（《左》闵元，及《春秋占筮书》）等，不能殚举，似皆大史类也。

内史

周内史 周内史闻之曰：“臧孙达其有后于鲁乎！”见《左》桓二年。又晋侯使周内史选偪阳族嗣。见《左》襄十年。

内史过 内史过对惠王曰：“国之将兴，明神降之，监其德也；将亡，神又降之，观其恶也。”见《左》庄三十二年。襄王使内史过赐晋侯命，见《左》僖十一年。又见《周语》上、《说苑·辨物》。

内史叔兴 周内史叔兴聘于宋，见《左》僖十六年。王命内史叔兴父策命晋侯为侯伯，见《左》僖二十八年。又见《周语》上。

内史叔服 王使内史叔服来会葬，见《左》文元年。又内史叔服曰："不出七年，宋、齐、晋之君，皆将死乱。"见《左》文十四年。何休《公羊传注》云："叔服者，王子虎也。服者字也。叔者，长幼称也。"又见《周语》中。

内史掫子 见《汉书·人表》。

秦内史廖 在穆公时。见《说苑·反质》。

此外如内史驹、内史吴，俱见《窓斋集古录》。《集古录》又载无专鼎，王呼史友册命无专，则史友亦内史也。《积古斋钟鼎彝器款识》载史仆、史实、史追、史燕、史颂、史懋、史宅、史寏等，似亦内史。

外史

鲁外史 季孙召外史掌恶臣而问盟首焉，见《左》襄二十三年。又《周语》召公曰："史献书。"《注》："史，外史也，掌三皇五帝之书。"

御史

秦赵御史 见《史记·廉蔺传》，又《战国策》亦有无名御史。

据上述，大史不能尽举，内史亦明著其任务，外史、御史，既不数见，亦无姓名，而小史则绝对无考，此岂可谓为有其官而废阙乎？孔颖达《春秋左氏传序正义》云："《周礼》内史职曰，凡命诸侯及孤卿大夫则策命之，僖二十八年《传》，说襄王使内史叔兴父策命晋侯为侯伯，是天子命臣，内史掌之。襄三十年《传》，称郑使大史命伯石为卿，是诸侯命臣，大史掌之，当天子内史之职，以诸侯兼官无内史故也。郑公孙黑强与薰隧之盟，使大史书其名，齐大史书崔杼弑其君，是知诸侯大史主记事也。南史闻大史尽死，执简以往，明南史是佐大史者，当是小史也。襄二十三年《传》称季孙召外史掌恶臣，言外史则似有内史矣；必言诸侯无内史者，闵二年《传》，称史华龙滑与礼孔曰：'我大史也'，文十八年《传》，称鲁有大史克，哀十四年，称齐有大史子余，诸国皆言大史，安得有内史也？季孙召外史者，盖史官身居在外，季孙从内召之，故曰外史，犹史居在南，谓之南史耳。南史、外史，非官名也。”按孔氏解外史为在外之史，其说非不可通；其谓南史当是小史，则全属附会之词。以所居名内外犹可，以所居名东南西北，不其琐乎！孔氏意谓有大史必有小史，故强所谓南史者以代之，然则天子有内史，孔氏又将强何史以代外史乎？盖外史、小史，原无其官；即秦、赵御史鼓瑟击缶之记，亦似与《周礼》御史之职掌无涉。《后汉书·和帝纪注》：“《十三州志》，侍御史周官，即柱下史，掌注记言行。”《后汉书·朱乐何列传论》：“永元之际，乐、何之徒，抗议柱下。”《注》：“《汉官仪》曰，侍御史周官也。为柱下史。”《宋志》：“侍御史于周为柱下史，《周官》有御史，掌治令，亦其任也。”秦、赵之御史，或可谓为近于注记言行之侍御史，而不可谓即《周礼》“掌治令”之御史；以后代之侍御史合《周礼》之御史，则《宋志》之误也。（《张苍传》，秦时为御史，主柱下方书。师古曰：“居殿柱之下，若今侍立御史也。”此虽称御史，亦与后代同，非《周礼》之御史也）然则《周礼》五史之名，惟大史、内史二史，有旁籍可凭，其名亦当起于周代以前（《曲礼注》，太史，殷时制也。《淮南子·泛论训》终古、向艺皆作太史令。《汉书·古今人表》，终古，夏太史公，一本作太史令。《竹书纪年》太史令终古出奔商。《吕览·先识》作夏太史令终古，殷内史向挚。太史令即太史，则大史、内史，或当起于夏、殷也）；而小史、外史、御史三史，非周代实有及与《周礼》职掌符合之史官明矣。

其次又当辨者，则《礼记》左右史之名不见于《周礼》，而往往与大史、内史混为一谈也。《礼记·玉藻》云："动则左史书之，言则右史书之。"郑《注》："其书，《春秋》、《尚书》其存者。"（《汉书·艺文志·六艺论》作"左史记言，右史记事"。荀悦《申鉴》、《隋书·经籍志》、《宋三朝艺文志》、刘知几《史通》，并同《汉志》。《公羊疏》、《宋志》、《元丰类稿》，则同《礼记》）孔颖达《正义》云："《周礼》有内史、外史、大史、小史、御史，无左史、右史之名者，熊氏云，按《周礼》大史之职云，大师抱天时与大师同车，又襄二十五年《传》曰，大史书曰，崔杼弑其君，是大史记动作之事，在君左厢记事，则大史为左史也。按《周礼》内史掌王之八枋，其职云，凡命诸侯及孤卿大夫则策命之，僖二十八年《左传》曰，王命内史叔兴父策命晋侯为侯伯，是皆言诰之事，是内史所掌，在君之右，故为右史。是以《酒诰》云，矧大史友，内史友，郑《注》，大史、内史，掌记言记行，是内史记言，大史记行也。此论正法，若其有阙，则得交相摄代，故《洛诰》史逸命周公伯禽，服虔《注》，文十五年《传》云，史佚周成王大史；襄三十年，郑使大史命伯石为卿，皆大史主爵命，以内史阙故也。以此言之，若大史有阙，则内史亦摄之。按觐礼赐诸公奉箧服，大史是右者，亦宣行王命，故居右也。以论正法，若春秋之时，则特置左右史官，故襄十四年，左史谓魏庄子，昭十二年，楚左史倚相，《艺文志》及《六艺论》云，右史纪事，左史记言，与此正反，于传记不合，其义非也。"寻孔氏意，则左右非史官之名，内史记言，即右史也；大史记行，即左史也。胡匡衷《礼仪释官》四云："《大戴礼·盛德篇》云，内史大史左右史也。卢辩注云，大史为左史，内史为右史，亦与孔《疏》所引熊说同。考《左传》，诸国皆有大史而无内史；又晋有左史谓魏庄子，楚有左史倚相，而不见右史者，春秋时典礼废坠，史官不修，惟鲁备立其官，韩宣子聘鲁，观书于太史氏，见《易象》与鲁《春秋》曰，周礼尽在鲁，而他国可知矣。"盖亦以大史即左史，内史即右史，与孔

《疏》同；惟孔氏谓诸侯无内外史，而胡氏则谓诸侯亦有内外史耳。然均之为曲说也。记言记行，原为一事，岂可强分为左右？（章学诚曰："《记》曰，左史记言，右史记动，其职不见于《周官》，其书不传于后世，殆礼家之愆文欤？后儒不察，而以《尚书》分属记言，《春秋》分属记事，则失之甚也！夫《春秋》不能舍《传》而空存其事目，则左氏所记之言，不啻千万矣；《尚书》典谟之篇，记事而言亦具焉，训诰之篇，记言而事亦见焉。古史事见于言，言以为事，未尝分事言为二物也。"见《书教》上）而孔氏又以大史、内史合之，宜其言之顾此失彼，前后矛盾若是也。按左右史之名，不知起于何时。《唐六典》起居郎《注》，宋衷《世本》云，沮诵、仓颉为黄帝左右史，其说固妄；《隋书·经籍志》谓夏、殷已上，左史记言，右史记事，周则大史、小史、内史、外史、御史分掌其事，以左右史属之夏、殷以上，亦不知其何据。《宋志》则谓起于周世。《晋·职官志》："著作郎，周左史之任也。"考《周书·史记解》第六十一："维正月，王在成周，昧爽，召三公左史戎夫。"《注》："戎夫，左史名。"《文选·思玄赋注》，亦引《古文周书》周穆王问左史氏史豹、史良云云。而右史武仅见于宋衷《世本》（《人表》戎夫作右史，恐误）是知周代虽有左史，原无右史，诸书以左右史与五史并称，而孔颖达又包举于五史之中，皆误也。

准是以言：《周礼》五史，可信者惟大史、内史；《礼记》二史，可信者惟左史。天子有大史、内史、左史等，诸侯皆有大史而不皆有内史、左史。其职掌亦不必与《周礼》、《礼记》同。若其因大史而有小史，因内史而有外史，因左史而有右史，因《周礼》之无左右史，而以《礼记》之左右史，强与《周礼》之大史、内史冶为一炉，皆由前人以理想构为制度，而后人以文字认为事实，故纷纷藉藉而终莫能通其说也。然则所谓粲然大备之周代史职，夷考其实，盖亦廑矣。

（一九三一年《金陵学报》第一卷第一期）